主持语言与艺术展望

于 轲 著

吉林大学出版社

图书在版编目(CIP)数据

主持语言与艺术展望 / 于舸著. — 长春：吉林大
学出版社，2017.5
ISBN 978 - 7 - 5677 - 9890 - 8

Ⅰ. ①主… Ⅱ. ①于… Ⅲ. ①主持人 – 语言艺术
Ⅳ. ①G222.2

中国版本图书馆 CIP 数据核字(2017)第 133615 号

书　　名　主持语言与艺术展望
　　　　　ZHUCHI YUYAN YU YISHU ZHANWANG

作　　者　于　舸　著
策划编辑　朱　进
责任编辑　朱　进
责任校对　王文涛　郝　岩
装帧设计　美印图文
出版发行　吉林大学出版社
社　　址　长春市朝阳区明德路 501 号
邮政编码　130021
发行电话　0431 – 89580028/29/21
网　　址　http://www. jlup. com. cn
电子邮箱　jdcbs@ jlu. edu. cn
印　　刷　北京市金星印务有限公司
开　　本　787×1092　1/16
印　　张　12
字　　数　204 千字
版　　次　2017 年 6 月第 1 版
印　　次　2017 年 6 月第 1 次
书　　号　ISBN 978 - 7 - 5677 - 9890 - 8
定　　价　42.00 元

目　录

第一章　语言表达的声音控制

第一节　主持用声的基础、原则与训练标准

一、主持艺术用声的基础

语言是人类交际的工具,从事主持语言表达的艺术家应该在忠实于生活语言的基础上,对书面语言或对自己的腹稿、提纲进行第二次创作,从无声的变为有声的,从文字的变为口头的。主持无论是内容的体现,情感的抒发,语音的生动、鲜明、准确等,都要有一定的艺术效果和社会作用,要能激发人们的情感、激动人们的心弦,达到交际的目的,这就要求在深刻理解作品内容的基础上,根据需要,运用语言表达的各种技巧,对书面语言进行有意识的加工、处理。语言艺术的含义也就是把书面语言变为经过加工的口头语言,它不是简单的传达语言,而是表达语言,再创作的意义就在于此。

语言艺术的形式是多种多样的:辩论、演讲、主持、朗诵、播音、电影及话剧台词等。语言艺术是内容丰富、技艺性很强的一门学问,而作为体现基础技能的发声学更是如此。它好比盖楼,地基打得越牢固、越深,地面以上的部分就越结实。

发声的理论很重要,但是实践也同等重要。技能的掌握不是轻而易举的,它是经过刻苦努力,勤奋学习锻炼出来的,没有捷径可走。学习、训练发声不能"三天打鱼,两天晒网",根基一定要打好。语言表达离开发声技巧、方法就谈不上任何表现力,但是表现力又只有在表达作品的思想内容时,才能发挥作用。

音质的好坏在任何时候都是先于有声语言的具体内容而被听众和观众

感知的。有的从事主持艺术、语言表达艺术的工作者,在有声语言的创作中,往往有力不从心的感觉:他们或有气无力,或嗓音不听使唤,或在发声上感到别扭,或让听众感到音色暗、哑、沙、干、尖,或是声音有明显的鼻化,以及用声上的捏挤,这些都会形成对听众、观众的干扰。这些现象都和发声方法、运用有关。

艺术上的成熟是有过程的。首先要将文字稿件或腹稿的内容要准确、清楚、完整地理解加工。然后运用吐字归音的技巧,以及用科学的发声方法去表达内容;最后是经过实践练习,逐步能够运用各种技巧深入表达稿件的思想感情,使受众获得思想收益和艺术享受。如果达到这一步,应该说你已经步入了艺术的自由境界了。在这几个阶段中,显然包括了发声方法和吐字归音的训练。这时候的气息通畅、声音圆润、吐字清晰、语气表达、语言逻辑严谨,形象准确、鲜明、生动,技巧运用自如,感情真挚动人,成为各种因素融为一个整体的真实的语言艺术。

艺术语言来自生活语言,但又不等同于自然的生活语言。艺术语言的文字结构比口语严谨复杂,感情变化多而细致。有声语言负载量大、信息量大,一般都在限定时间内完成,严禁拉腔、重复、空白。因此,播音主持艺术语言是经过加工提炼的,比生活语言准确、优美。

要想声音优美、吐字清楚,这就有一个声音和吐字结合的问题。吐字即与生活中的吐字相似,保持说话时唇、齿、舌、牙、腭各发音部位的基本形式,但又有所不同。从事主持艺术语言的表达不能满足于停留在朴素本色这一原始语言的水平上,要挖掘语言的潜力,探求科学的发声方法,使之成为经过加工的、美化了的口语语体,要讲究语言的美感,给听众、观众以美的享受。

有声语言对话剧、电影之外的语言艺术家来说更是主要创作手段,听众、观众多从听觉来感受其中的内容。话剧、电影除了有声语言之外,还可借助于形体、灯光、道具、布景等使创作手段更丰富多样,即使语言的达意差一点,也可以通过别的手段得到弥补。主持艺术语言则不同,除了有一些简单肢体语言做辅助外,最主要依靠的是一个灵敏度较高的话筒,在话筒前,声音的色彩、语言的清晰度、准确性以及一些细微的变化,会体现得淋漓尽致。

语言是人们交流思想的工具,也是人们进行社会生产和社会生活的手段。现在世界上不少国家常以全民族共同语在国民中的普及程度,来衡量国家的进步与文明程度。我国地广人多,是个多民族的国家,各民族风俗习惯不同,语言差异也很大,据统计,我国有五个语言体系、五十多种语言,据此分为七大方言区,同时各地区还存在着地方方言差异,这种语言隔阂的状况,已经成为发展经济、相互交际的重大障碍。

我国规定,"国家推广全国通用的普通话。"这是宪法第十九条上的一句话。它说明,推广普通话是国家一项重要的语言政策,也是我国语言规范化的法则,它明确了普通话在我国语言生活中的主导地位。

广播电影电视部等十五个单位联合发出的"大家都来说普通话'倡议书'"也指出:"广播、电影、电视、话剧拥有广大的听众和观众,是推广普通话的重要工具。播音员、主持人、演员应该使用标准的普通话,为广大群众学习普通话做出示范。"①这种全国通用的普通话是有标准的,讲究规范的。

凡是艺术语言都在使用全国通用语言,实际上也是向听众、观众作普通话语音的口头示范,如果普通话语音不标准,他的语言表达就缺少魅力,缺少动人的色彩。发音上的缺陷,势必会给听众、观众的语言与思维的发展带来影响,哪怕是最小的缺点都会大大分散他们的注意力,还可能贻误听众、观众,以讹传讹。

国外有的语言学家,根据信息论的观点,主张把语言学改为交通学。他们认为通用的民族共同语是构成思想、知识、经验、感情等精神传输的交通体系,它要求准确、完整、先进。主持人的语言状态不应该在普通话这个交通运输体系中使艺术、知识、信息等的传播受到阻碍,而应该使自己的语音正确、纯洁、优美,足以成为听众、观众的榜样。

主持艺术工作者应该了解和掌握发声原理并具有一定的普通话语音学方面的知识,这样才会使我们对声音现象和吐字的运用,不但知其然,而且知其所以然,同时,嗓音、吐字也会得到锻炼和提高。许多优秀的从事语言表达的艺术家,他们在不同程度上掌握了高超的技艺,是具有科学性的,如

---

① 1982年12月4日,第五届全国人民代表大会第五次会议通过了新的《中华人民共和国宪法》。12月21日,教育部、文改会、解放军总政治部、团中央、全国总工会、全国妇联、公安部、商业部、铁道部、交通部、邮电部、城乡建设环境保护部、文化部、广播电视部、国家旅游局等15个部委联合发出《大家都来说普通话倡议书》。

运用胸腹联合式的呼吸法,明亮、圆润、持久、饱满、舒畅的发声,讲究吐字归音,等等,都是应该学习和研究的。不仅要从生理机能状态上去感受它,还应该从发音原理上去认识它。作为从事主持艺术的人来说,必须经过一定时间的专门学习和锻炼,以便形成、发展和自觉掌握语言艺术表达的能力。只有通过学习具备了这种能力,才能自如地运用声音技巧来满足表达思想感情的需要。

二、主持艺术用声的原则及学习方法

(一)用声的原则

主持艺术的发声与歌唱、戏曲、曲艺等艺术的发声有相同的一面,都是以其嗓音作为创作的主要手段。嗓音要有特色,有一定的音域,不能使用纯自然的用气方法,要讲究声音的集中、打远。声腔、头腔、胸腔要使用共鸣,以加强声音的宽度、亮度,使声音在一定范围内得到美化与提高。

主持艺术发声的要点

1.以嗓音为主的劳动,嗓音要求干净、持久、纯正。

2.由于语言要富有生活色彩,所以用声范围在话声区以内,以本色的实声为主。

3.字音在口腔前部形成并集中,出字短促、频率大,音节没有延长音,字音的清晰度要超过声音的响度。

4.以口腔共鸣为主,口腔前部,尤以唇部、舌部要有一定力度,不能过于松弛,故决定了喉部的声带相对有一定负担。

5.有控制的气息,时时调节字音流的发出,气息的深度不必过深,但不能用胸式呼吸。

主持艺术发声与生活中的口语及其他艺术语言发声相比,由于声音的传递手段不同,播讲者的身份、状态不同,受众的审美要求不同,也要具有自己的特点:以实声为主的虚实结合,声音清晰圆润;声音变化幅度不大,但层次丰富,表情达意准确;接近口语用声,状态松弛、自如,声音流畅,如行云流水。

播音员、节目主持人是以有声语言为表达手段的广播电视新闻工作者,有声语言是播音员、节目主持人依据稿件、提纲或腹稿,通过认识理解、传情达意进行再创作并确立自身形象的唯一手段。发声是播音员、节目主持人的一项基本功,会直接影响节目的质量。在学习、练习阶段,我们要学会客观地认识、评价自己的声音,学会驾驭自己的声音,使之成为得心应手的创作手段。错误的用声方法不但影响节目的质量,甚至会影响播音员、节目主持人自身的播音主持寿命。

主持是新闻工作的一个组成部分,新闻的真实性、准确性要求播音员主持人用声一般应该在自然音域内,中声区偏低的部分运用较多,音色要大方、明朗、干净,艺术夸张、装饰较少,很少使用假声。主持时要求庄重、大气、沉稳。

我们在收听广播或收看电视时,如果主持人的基本功过硬,用声状态好,即使在接收时听到嘈杂的干扰信号,我们仍可以清晰地听到主持人播讲的内容,收到的信息基本准确。主持是通过传输设备利用电波进行传递的,要求主持人的声音集中均匀,对比适度,纯净度高,音高、音强的变化不宜太大,但是在其他声音背景中应具有较强的穿透力。

主持语言信息负载密度大,受众的层次不同,收听、收看的环境各异,这就要求播音主持艺术发声吐字清晰、准确,同时圆润、流畅,声音要宽松、集中。

主持艺术发声源于生活中口语的发声,与其他艺术语言相比是最接近口语的发声,但又决不等同于生活中口语的发声。艺术来源于生活,又高于生活。主持艺术发声是生活中口语发声的规范、提炼和升华。

由于发音条件的不同,每个人的声音都有自己的特色与个性,只能在自己发音条件的基础上,扬长避短,逐步扩展自己的发声能力,找到自己最好的声音,发挥出自己声音的个性。

主持艺术发声是面对话筒,话筒与口的距离有30厘米左右,录音增音与发射设备都有音量调节电位器和自动增益、限幅功能,这是主持艺术发声可借助的技术手段。

主持艺术发声中对音量大小的要求没有绝对的标准。对于每个播音员、主持人来说,由于节目的不同,稿件体裁的不同,甚至主持人精神状态、身体状况的不同,音量大小总有变化,要根据每个人的声音条件和用声习惯来确定。但使用中要比生活中口语发声音量稍大些,便于驾驭自己的声音。音量过大需要增大用气量,加大发声器官的紧张度;音量过小对比度就差,吸气声及背景杂音容易混入。

发声吐字是播音员和主持人必须修炼的一项基本功,播音员、主持人发声吐字的综合感觉应该是这样的:声音像一条弹性的带子,下端从小腹拉出,垂直向上,至口咽腔沿上颚中纵线前行,受口腔的节制,形成字音,字音好像被"吸着"或"挂"在硬腭前部,由上门齿处弹出,流动向前。

(二)发声的学习方法

1.循序渐进

语言艺术要求每个主持人都具备一定的发声技巧,大多数情况下,它们是需要经过长期的刻苦锻炼才能掌握的。学习与训练应循序渐进:

第一步解决气的问题;

第二步解决声的问题;

第三步解决吐字问题;

第四步解决声音色彩问题。

这也是最有效率的训练方法,如不然,不但不易达到要求,心理上也会产生畏难情绪。

声音的发出,是通过人体器官的活动完成的。在发声时,发音器官有一定负担,而这种负担的能力只能是逐步地增长起来。前一阶段练习为后一阶段练习做准备,后一阶段练习则是前一阶段练习的巩固与提高。这样循序渐进分步骤的要求,既好理解也容易掌握。由初期的练习到技术成熟,虽有先后深浅之分,但不应明显分割开来,而是紧密相联系的。要做到每一练习都很成熟、巩固,从而强化自己的吐字发声技巧,由浅入深,先易后难,逐渐掌握主持艺术的发声技能。

2.情感、声音、气息的结合

主持不是单纯的技术,它不仅仅是一种器官的机能活动,还受情感、精神等复杂因素的影响。发音器官是一个整体的运动,主持人的理解能力、心理、情绪和理解对稿件的表达有直接影响。指挥活动的司令部是大脑神经,如果主持人的精神振奋,发音器官也会处于积极状态,便于快速地组织起来。当听到一些主持人那种由充沛感情中迸发出来的动人的声音的时候,我们也会在思想上引起共鸣。感情真挚,音色就会饱满有力,吐字也会清晰流畅。这是由于他们的声音是从感情中带出来的,这样的声音才是"声情并茂",艺术的感染力也会加强。人们的感情变化是丰富多彩的,但一定要表达得有真情,而不是强做出来的虚情假意。艺术本身是以情动人的,也就是要"言必由衷";否则,不但不能给人以美感,还会使人厌烦。

在演播中还应防止以声取胜的观念,如果给听众、观众的只是声音,只是对稿件的照本宣科,即使他的声音再好、技巧再高,艺术表现力也是苍白肤浅的,因为丧失了语言艺术的真实感,不如说他是在做吐字发音的练习。因此,对于主持人来说,一个字、一个词、一句话,在练习的时候都必须做到吐字清晰、自然,还要有和这些字词的内容一致的思想感情。即使一篇短小的稿件,也要对它的思想内容进行一些简单的分析、处理,使它通过声音表达出来的时候,成为一篇虽然简单,但尚可堪称为艺术的作品,这就不是无动于衷的吐字发声练习了。这样做可以培养我们饱满的表达能力,从而在自然的基础上养成一种富于色彩的有感染力的声音,使发声技巧与稿件的表现力统一起来,发声基础的练习就是要养成这些因素配合起作用的良好习惯。

3. 切记不要模仿

演播人员在成长过程中都有一个在艺术上学习和借鉴的过程,这是允许和提倡的。但对于发音器官的发声一说,是反对模仿。在吐字发声的学习中,应该了解用声原理,提高鉴别发声的能力。主持人不能不顾自己的声音特点而一味地追求一种"美"的声音、"厚实"的声音、"亲切"的声音,甚至模仿某一个人的声音。世界上没有两个人的发音器官是绝对相同的,能发出绝对相同的声音。模仿别人声音的结果,首先违背了自身的生理机能,其次这种不自然的声音显而易见是不能表情达意的。

三、主持艺术用声的训练标准

语音是主持的表现工具,用于播音主持的声音不应该是自然状态的,而是按照主持的要求经过加工的成品。发声器官好比一件乐器,这件乐器就是长在人体内的声带和声腔,不经过训练,就不可能成为一件优良的乐器。学习发声的目的是改进所发声音的音质,加强发音器官的发声机能,使它变为受意识支配和监督的自觉机能;其次是要提高对声音的辨别能力,如果对声音的好坏,发音位置的高低前后,呼吸的深浅,色彩的明暗都觉察不出来,在自己进行练习的时候就无所适从。应该训练出音色优美、圆润而有力度的、具有表现力的声音。作为主持人来说,它首先要给观众以声音上的美感。

发声训练的内容包括:气息的调节与控制、声腔的运用、共鸣的把握、声带的使用等几个部分。人体是一个统一的整体,各部分器官,包括发音器官的活动都是彼此相互联系的。发音器官各个部分不可分割,有其各自的功能,只有配合得非常协调才能产生美好的声音。个别器官功能的发挥是在和其他器官相互作用下实现的,它们的活动是相互配合、彼此制约的。如果违反这一规律,片面地强调某一部分,孤立地着眼于某一个器官的活动,那是不行的。强调声音的集中、明亮、靠前,发挥不出其调节声腔共鸣的作用,其声音不但不美,反而限制、束缚住了自己的表现力,严重的还会损害控制发声的能力。

要分清各个器官对发声作用的主次,重视各个器官的特点。如我们认为口腔的运用及气息的作用对播音主持的发声起主导作用,我们重视它,但也不能否认声带以及共鸣系统的调节作用。因为它们是相互联系、相互作用的,是一个整体。作为一名主持人,要了解发音器官这一"乐器"的结构、性能和它的活动,在实践中来协调发音器官各部的机体活动,以适应表达的需要。

一个训练有素、基本功扎实、演播技巧精湛的主持艺术工作者,他的艺术生命是比较长久的。相反,没有经过训练的主持人,主持的寿命也会减少,那是由于发声器官的疲劳,发声时就会出现力不从心的生理现象,更不用说延长艺术生命了。要获得训练有素、质量优美的声音,就必须从基本功的训练入手,又必须在相当长的时间里持之以恒。作为一个主持艺术工作者,应该认识到,发声并不是一种孤立的现象,发声和思想感情、吐字归音、表达方式等各方面,紧密地有机联系着,它们既矛盾又统一。所谓声情并茂,字正腔圆就是这种矛盾统一的体现。

第二节　主持用声的科学原理

一、言语产生的原理

语言的声音——语音,它是人类发音器官活动的结果。

发音器官有肺、气管、喉头(包括声带)、咽腔、口腔、鼻腔组成。喉头以上部分,包括咽腔、口腔、鼻腔,称为声腔,长度为 170 毫米(声带到嘴唇)。由于唇舌以及其他部分的运动,令声腔形状发生各种变化,可以产生不同的声音。

声音的发出是与呼吸、发声、共鸣、咬字四个环节密切相连的。肺部产生的气流,通过气管,振动了喉头的声带,于是声带发出了声音。音波经过咽腔、口腔、鼻腔的共鸣得到放大、美化,再经过唇、齿、舌、牙、腭协调运动,不同的声音就产生了,这就是言语发声的基本原理。声音产生的过程在呼吸器官、振动器官、共鸣器官、咬字器官的协调一致的配合下才能圆满完成,这些器官是发声的物质基础。

二、发声器官的结构

(一)呼吸器官

呼吸器官包括肺脏、气管、胸腔、横膈膜和有关的呼吸肌肉群。肺是吸入和呼出气息的总仓库。肺在胸腔内,外面是肋骨,下面是横膈膜。肋间外肌收缩,横膈膜下降,胸腔扩大,可以帮助吸入气息。肋间内肌收缩,横膈膜向上抬起,胸腔缩小,可以帮助呼出气息。呼出的气息冲击了声带,使声音得以发出。因此说气息是发声的动力和基础。[①]

(二)振动器官

这里指喉头和声带,喉头是介于咽腔和气管之间的部分,由甲状软骨、环状软骨、勺状软骨和会厌软骨以及各种肌肉构成。喉内有声带,由声带肌和声韧带组成。两片声带并列左右,中间叫声门。由于喉内各种软骨和肌肉的相互作用,可使两片声带靠拢、分开、拉紧和放松。呼吸时,两片声带分离;发声时,由于受到气息的冲击而振动,两片声带靠拢,发出声音。声带振动的频率越快,发出的声音越高;声带振动的频率越慢,声音越低。在呼吸的配合下,声带可调整其长度、厚度和张力,从而发出高低强弱等不同的声音。[②]

(三)共鸣器官

声带发出的声音是基音与泛音的组合,但微弱细小。当这种声音在人

---

① 解芳. 普通话语音发声. 太原:北岳文艺出版社,2014.
② 刘静敏. 播音发声教程. 青岛:中国海洋大学出版社,2010.

体内各种共鸣器官内得到共鸣时,原来微弱细小的声音得到扩大和美化,发出圆润、明亮的声音,这就是"共鸣"。

人体的共鸣器官有能够自由控制的共鸣腔,包括喉、咽、口各腔;还有固定不变的共鸣腔,胸腔、鼻腔和头腔。头腔指头颅内各窦腔,如蝶窦、额窦、筛窦等。

声腔是可变共鸣腔,口腔可开可闭,可大可小;舌头可松可紧,可薄可厚;咽腔的肌肉可张可缩,可长可短;喉头可上可下自由活动,因而声腔是可变的共鸣腔体。

共鸣器官是一个整体,在"共鸣"的使用中也要有"整体意识"。①

(四)咬字器官

咬字器官主要指口腔里的唇、齿、舌、牙、腭,是字音形成的各个部位,咬字、吐字的好坏与这些部位的使用力度及其协作关系密切。

三、发声的物理基础

发声的物理基础,即声学基础,是分析语音的一种方法。所有的声音都可以用四种要素即音高、音强、音长、音色来分析。

(一)音高

音高,指声音的高低,决定于声波的频率,频率的单位为 Hz(赫兹),即声波每秒振动的次数。频率高,声音就高;频率低,声音就低,频率每增加一倍,音高感觉也会随之翻高一倍(八度音程)。人的听觉对高音感到尖锐、紧张,对中音感到厚实、明亮,对低音感到低沉、松弛。

由于人耳和大脑的构造,人耳对 2~4kHz(千赫兹)的声音最为敏感。音乐中所说的音高是绝对音高,每个音名都有固定的频率;而语言中所指的声音高低是相对音高,是比较而言,不确指固定频率。

音高的感觉,存在主观评价差异,如儿童会觉得自己父亲说话声音很低,等他长大以后又觉得父亲的声音没有那么低沉。这反映了人们对音高标准认识的相对性,也反映了对音高的客观量度和主观量度的相对性。②

从发音的角度来看,音高的区别有种种原因。一般来说,发音体大、长、

---

① 解芳.普通话语音发声.太原:北岳文艺出版社,2014.
② 胡黎娜.播音主持艺术发声.北京:中国广播电视出版社,2006.

松、厚,振动慢,频率低,发出的声音高度就比较低;发音体小、短、紧、薄,振动快,频率高,声音音高就比较高。就人类言语发声来看,音高是由发声体——声带的长短、薄厚及发音时对声带松紧的控制来决定的。

(二)音强

音强,指声音的强弱,是由声波振幅的大小决定的。一定频率的声波,振幅大的音就强,振幅小的音就弱。音强是指声音强度本身客观的物理特点。而人耳对声音强度的感受叫响度。音强增强,发音体振幅加大表明声源消耗能量加大,作为人类发声动力的呼出气流就需要增大流量、提高流速。①

语音的响度和音压的能量(气流的压力加上声腔共鸣的效果),两者虽然存在比例关系,但非正比关系。

主持人在话筒前播音或主持节目时,嘴与话筒的距离在一尺左右(33cm左右),基本是用日常说话的音量幅度进行主持,不用刻意扩大音量,这有利于对声音的控制,有利于在强度方面做细微的调整。因为幅度不大,所以清晰度会增强,突发性的大幅度增强或减弱用得很少,可以使语流显得稳定。

由于每个主持人声音条件和用声习惯不一样,通常情况下,男声较强,女声较弱,在主持节目时,应互相照顾。尤其是男声,主动减弱自己的音强,以使男女声的音强和谐。

经过科学发声训练的人,声音的强度通常会有很大的改进,这和气息的调节有很大的关系,没有经过科学发声训练的人,会感到力不从心。主持发声的训练,在音强方面、音量方面应扩大训练的力度,以使其既适应广播直播室或电视演播室的播音主持,同时也适应演播大厅或广场(现场)的播音主持。

(三)音长

音长,是指声音的长短,即声音的时值,它取决于发声体振动的持续时间。在普通话中,轻声音节的音长都明显的短于非轻声音节。

从主持艺术发声的角度,应当注意音长在语流中与音高、音色以及音强在一起,在区分词义,明确语句目的,或表现情感的分寸时起的重要作用。因为没有一定的音长,在语流中就无法展现音高、音强以及音色的变化。

① 刘静敏.播音发声教程.青岛:中国海洋大学出版社,2010.

人的发音器官经过训练,发音能力会有很大提高,但是一味地加快节奏却又有损于听觉对传递信息的分辨和理解。20 世纪 70 年代之前,中央人民广播电台播报新闻的语速大约是每分钟 190 个音节。改革开放后,人们的生活节奏加快了,语言节奏也加快了,还是以电台播音为例,是否节奏越快,可容纳的信息就越多呢? 要考虑到人耳对音长反映的特点。汉字一个音节一般由 1~4 个音素构成,其中 2 或 3 个音素构成的音节最多,人的口齿还可以锻炼得非常伶俐,有的主持人每分钟可以主持 250 个音节,甚至更多,但这时候人的听觉就较难正常地对语音做出反应了,这也就是人们在收听播讲速度过快的播音主持时感觉特别累的原因。人们难以听清导致难以分析判断,最终的结果是难以理解。

（四）音色

音色,也叫音质或音品,是指声音的特色和本质,是声音独特的质地和色彩。不同的人发出不同的声音,代表了其声音的个性,就是他的音色。发音体整体振动产生的声音称为基音。发音体部分振动产生的声音为泛音。发音体的音高取决于基音频率,发音体的音色取决于泛音的多少。丰富的高泛音给人以活泼愉快的感觉,丰富的低泛音给人以深沉有力的感觉。

不同的音色产生的因素主要有:

1.发音体材质的不同;

2.发音方法不同;

3.共鸣器形状不同。

在人类语言中,音色包含两个方面的含义:一是区分不同的音素(音位);二是指不同的声音色彩的区分。

在调整语音发声的过程中,第一步是要对音色做出判断,从主观上对原有的音色及将要调整的音色有了区别和认识才好进行调整。因为音色的好坏、美丑感觉依附于一定的物理量,然而就个人的感受来说,又带有极大的主观随意性。

四、发声的生理基础

在语音形成的过程中,人体的头、颈、胸、腹等部位的一百多块肌肉控制着不同的器官协同完成发音动作。发音器官在有序、兼顾所有生理功能的基础上完成发音,从而构成了能够产生语音的特殊结构——声道。这些在发音过程中起着不同作用的器官按呼出气流运动的方向由下而上分为四部分,即:动力系统、声源系统、成音系统、咬字系统。

(一)动力系统

由肺呼出的气流是发声的动力。动力系统指的是为人体发音提供动力的系统,主要由肺、气管、胸廓以及膈肌、腹肌等器官、相关器官和相关肌肉组成。胸廓和膈肌的运动改变胸腔的容积,由于空气压力的变化,使处于胸腔中肺吸进或呼出的空气。胸腔的宽径主要是通过肋间肌的运动实现的,而膈肌的运动主要是改变胸腔的上下径。由于膈肌是不随意肌,所以膈肌的运动主要通过腹肌的运动改变腹腔的压力而间接实现。①

(二)声源系统

肺呼出的气流经过气管通过喉部时,处于喉部的声带在气流的作用下可产生振动,发出声音。声源系统主要指喉头和声带。喉的位置在气管的上端。喉由多块起支架作用的软骨和调整其运动的肌肉构成,其后部肌肉的运动使喉部的状态发生变化,从而使声带的长短、薄厚发生改变,致使发出的声音的音高、音色产生变化。

(三)成音系统

声带振动发出的声音叫喉原音,喉原音很微弱,但经过共鸣后得到扩大和美化,形成不同的声音色彩。声道是人类发声的共鸣器官。声道在喉以上有喉腔、咽腔、口腔与鼻腔;喉以下的胸腔也起着重要的共鸣作用。

(四)咬字系统

由肺部呼出的气流通过声带发出声音,经过咽腔到达口腔,在口腔内受各种节制形成了不同的声音,这个节制的过程叫做咬字的过程。而口腔内对声音节制的各个部位就是咬字器官。它包括双唇、舌,舌又分为舌尖、舌叶、舌面和舌根,以及上下齿、上下齿龈、上颚和下颚。其中,唇和舌在形成字音的过程中最为积极,起的作用最大。

口腔下部有能灵活运动的舌,舌与口腔上部可以形成各种阻碍,同时舌高点又使口腔分为前后两个腔体。舌的形状的变化可以使口腔的形状发生变化。

---

① 白龙.播音发声技巧.北京:中国广播电视出版社,2002.

　　口腔中各种咬字器官的活动,使口腔能灵活地变换形状和容积,造成不同的元音音色,而它们对呼出的气流构成的各种阻碍又形成了不同的辅音。元音或辅音加元音构成了一个个音节。

　　咬字器官是一个协调动作的整体,各部位相互关联,但它们之间又各有分工,在吐字过程中起着不同的作用。

第三节　气息控制的基本原理

一、气息作用

　　呼吸运动是我们完成正常生理活动所必需的。气流从外界吸入到人体内,再从人体内呼出到人体外,这是反复循环的过程,在说话的时候之所以有声音的产生,就是因为这气流的原因。

　　声带是两片很薄、很娇气的肌肉。有一副好嗓子是每一个想从事主持艺术工作的人梦寐以求的。但在主持时,仅只声带发出声音是不够的,用嗓过多或者不会正确用嗓就会出现声带疲劳、声带充血、声带闭合不好等问题,甚至长出声带小结,这都和气息调节不好有关系。"气是音之帅",嗓音之所以富于弹性、耐久,是和源源不断的供给声带的气流有关的。

　　古代声乐理论中有"气动则声发"的说法。气息是声音的动力。气息的运用关系到声音的响亮度、吐字的清晰度,以及音色的优美圆润,嗓音的持久性和情绪的饱满充沛。也就是说只有在呼吸得到控制的基础上才可以谈到声音的控制。

　　呼吸控制虽然只在气流的一呼一吸之间,但是要悟到其技巧、掌握其方法绝不是一朝一夕的事,它有一个循序渐进的过程,是"量变 + 悟性 = 质变"的过程。如果把主持工作看作是一棵大树,越是枝繁叶茂,越表示节目主持人业务能力强,那么气息的掌握控制就是这棵大树的根,它的根深入在土地里,它在土层里所占的空间和大树的枝叶在地面上所占的空间几乎是一样的,甚至比地面上的还大,这样的树才会根深叶茂万年长青。这足以说明掌握呼吸控制的重要性。

二、呼吸器官和呼吸原理

（一）呼吸器官

呼吸器官是由气管、支气管、肺、胸廓和相关肌肉、横膈膜和腹部肌肉组成的。

胸腔是一个上窄下宽的腔体，是一个圆筒式结构。它的前端是胸骨，它们构成了胸腔的支架。支架里外附着肌肉是肋间肌肉，肋间肌肉分为肋间内肌和肋间外肌。肺置于胸腔中央，分左右两部分，肺的上面是肺尖，上接支气管与气管，气管是由软骨构成的圆形管，直通喉咙；肺的下端是肺底，同时也是胸部的底部。胸腔与腹腔之间是由横膈膜分开的，它由肌肉和肌腱组成，形状如圆屋顶。横膈膜可上下移动。横膈膜的下端是腹腔，腹腔的上部附着在胸腔的下部，它的下部附着在盆骨上。[①]

呼吸通道和肺组成的是呼吸这一生理活动所必需的呼吸系统，而胸廓、两肋、横膈膜（膈肌）和腹肌等呼吸肌肉群是参与呼吸控制的器官。

（二）常见的呼吸方式

1. 胸式呼吸——浅呼吸

这是靠提起上胸，扩大胸腔的前后左右径来吸气。吸气抬肩是这种呼吸方式的标志。特点：吸气量最小，利用胸式呼吸方式发出的声音，窄，飘。播音主持中出现胸式呼吸会更明显地表现出这种方式所带来的吸气浮浅，进气量小的弱点，和由此而造成的肩、胸紧张，喉部负担重、易疲劳、声音僵化、高不成低不就等问题，正是以上原因，播音主持艺术发声忌讳采用胸式呼吸方式。

2. 腹式呼吸——深呼吸

这是靠降低膈肌，扩大胸腔的上下径来吸气。吸气时腹部放松外突是采用这种呼吸方式的标志。特点：与胸式呼吸作比较，有吸气量较大和深沉的优点。但容易造成闷、暗、空的音色，腹肌、膈肌失去弹性。

3. 胸腹联合式呼吸

胸式、腹式两种呼吸方式的结合，在实践中显示了上述两种呼吸方式不可替代的优势：

---

① 刘静敏.播音发声教程.青岛：中国海洋大学出版社，2010.

（1）吸气时全面（前后、左右、上下）扩大了胸腔的容积，吸气量最大；

（2）从动作特征看，胸腹联合式呼吸建立了胸、隔、腹之间的关系，增强了呼吸的稳健感，有利于控制；

（3）采用这种方式呼吸后，易于产生坚实、响亮的音色。

这种音色是多种音色变化的基础，所以它是较为理想的用作播音主持艺术发声动力的基本呼吸方式。在我国民族声乐及戏曲、曲艺等艺术发声中所说的用"丹田气"就是胸腹联合式呼吸法。

"丹田"一词本源于道家：眉心处称"上丹田"，心窝处称"中丹田"，下腹部称"下丹田"。这三个部位是"真气"运行的汇聚处，"丹田气"所说的"丹田"指的是"下丹田"，即位于肚脐下二三指间，气海穴至关元穴的范围。

（三）胸腹联合式呼吸法

1.胸腹联合式呼吸法要领

气流从口鼻同时吸入（练声时用鼻子吸气，实际应用时口鼻同时吸气），两肋向两侧扩张，同时感觉腰部渐紧，小腹控制渐强（有坠胀感）。呼气时，保持住腹肌的收缩感，以牵制膈肌与两肋，使其不能回弹。随着气流的缓缓呼出，小腹逐渐放松，直到最后仍要有控制的感觉。而膈肌和两肋则在这种控制的感觉上，逐渐恢复自然状态。在发声状态中，腹部控制的强弱，是随着思想感情的运动在不停地运动和变化。要掌握此方法，关键在于抓住符合实际状态的感觉，并且要在反复的练习中，加强并稳定这种感觉。

2.胸腹联合式呼吸法的优点

胸腔、膈肌、腹部肌肉合作，参与气息控制部位多；吸气的量多，气息稳定，能够保持；小腹的收缩、膈肌的张力、两肋的支撑——多重对抗，形成对气息的支持，为气流均衡、平稳地呼出提供了保障。另外，胸腹联合式呼吸法还使气息具有力度、弹性和灵活性，也有利于声带的科学发声。

3.胸腹联合式呼吸法常见的问题及注意事项

（1）吸气时不要双肩上抬，否则吸入的气息过浅，造成胸式呼吸；吸气时避免单纯腹部膨胀，不要吸气过深，形成腹式呼吸。

解决方法：注意力放在腰部，感受两肋胀开，呼吸肌肉群收缩，并且找小腹丹田处的支点。

（2）吸气后，因为不会控制气息，出现气短、气浅的情况，这是由于没有经过专门训练，小腹和膈肌控制能力弱，没有形成一定的机能。气流呼出时,气息压力大于声带闭合力,使声带闭合不好,产生气不够用的感觉,耗气多。

解决方法:用深吸气,快呼气的方式,锻炼两肋、小腹和膈肌的控制力和弹力,也可发"ba"的延长音。

(3)吸气过多,上身感觉憋气、发僵、不自如、气息不能出也不能进,也不能继续发音,这是把保持气息理解成了挤、紧、压,使膈肌、腹肌失去了弹性。

解决方法:不让胸部紧张,多做深呼吸。

4.胸腹联合式呼吸法的呼吸原理

(1)气压差原理

吸气时:吸气肌肉群收缩,胸腔扩大,人体肺部内的气压会小于人体的外气压,这时候只要口、鼻、气管等呼吸通道无障碍,空气会自动由气压高的体外进入气压低的肺泡内,使肺叶扩张起来,这是吸气过程。

呼气时:当吸气达到一定饱和程度时,吸气肌肉群即松弛,而呼气肌肉群开始收缩,这时胸腔会随之变小,人体内气压比体外气压高,肺叶内的空气会从肺泡经呼吸通道排出体外,这是呼气过程。

(2)呼吸肌抗衡控制原理

主持人发声的呼吸控制要求做到:吸得多、吸得快、呼得省、呼得慢、呼得匀。

我们平时需要多锻炼吸气肌肉群,使吸气肌肉群在呼气的时候也保持一定的紧张度,两者之间要形成某种对抗;再结合口腔控制,使气流能按使用的需要有控制地呼出,充分发挥气流在发声时的功效。"气口"来源于戏曲演唱,指换气的位置。

三、主持艺术的气息控制训练

(一)气息控制

呼吸运动的基础是呼吸肌肉组织的机能活动,其中膈肌和腹肌在呼吸控制中起主要作用。膈肌、腹肌在日常生活中得不到充分锻炼,就要通过特殊方法进行训练,使其接受发音时的有意支配并具备较强的活动能力。

训练内容:闻花香、闻红烧肉的香味(慢吸慢呼),吹沙的感觉(快吸快呼),最终找到在"吸气一大片,呼气一条线"状态下主持的感觉。

吸到肺底——吸到肺的深部,使膈肌明显收缩下降,有效扩大胸腔的上下径。

两肋打开——吸气时，在肩、胸放松的情况下使下肋得到较充分的扩展，以有效扩大胸腔的前后左右径，这时，膈肌与胸廓的运动产生联系，一般感觉是两肋打开，尤其是后腰部感觉较为明显。

腹壁"站定"——吸气时，在胸部扩张的同时，使腹部肌肉向以小腹为中心的位置收缩，腹壁保持不凸不凹的状态。

随着吸气量的增加，腰带周围逐渐紧张，躯干部位逐渐"发胖"，胯下沉重有力，但肩仍处于放松状态，两臂能自由动作。

呼气时，感觉拽住风筝绳的手随风筝上升的线缓缓从丹田部位上升，上升的速度要缓慢，并伴有阻止气流上升的感觉，这时，气流冲击声带发出声音，在呼气与吸气的过程中产生了对抗，我们的声音就在对抗中产生。

(二)补气方式

在发音过程中，气息的补充是在表达的停顿中进行的，补气方式有三种：

偷气——短暂而无声地吸气；

抢气——急促，不顾及有无声音地吸气；

就气——虽有停顿，并不进气，而是调动体内暂留余气进行补充。

其中"偷气"是最常用的补气方式。

(三)训练方式

1.绕口令练习

数枣儿

出东门儿，过大桥，大桥底下一树枣，拿着竿子去打枣，青的多，红的少。一个枣、两个枣、三个枣、四个枣、五个枣、六个枣、七个枣、八个枣、九个枣、十个枣；十个枣、九个枣、八个枣、七个枣、六个枣、五个枣、四个枣、三个枣、两个枣、一个枣。这是一个绕口令，一气儿说完才算好。

哑巴和喇嘛

打南边儿来了个喇嘛，手里提着五斤鳎目。打北边儿来了个哑巴，腰里别着个喇叭。提着鳎目的喇嘛要拿鳎目换哑巴腰里别着的喇叭，别着喇叭的哑巴不愿拿喇叭换提着鳎目的喇嘛的鳎目。拿着鳎目的喇嘛急了，拿手里的鳎目打了别着喇叭的哑巴一鳎目。别着喇叭的哑巴拿喇叭打了提着鳎目的喇嘛一喇叭。不知是提着鳎目的喇嘛拿鳎目打了别着喇叭的哑巴一鳎目,还是别着喇叭的哑巴拿喇叭打了提着鳎目的喇嘛一喇叭。气得喇嘛回家炖鳎目,急得哑巴回家吹喇叭。

2. 灌口词段子

扇屏(节选)

大宋朝文堰伯,幼儿有伏囚之志。司马文公,有破瓮救儿之谋;汉孔融,四岁让梨,懂得谦逊之礼;小黄香九岁温席奉香;秦甘罗,一十二岁身为宰相;吴周瑜七岁学文,九岁习武,一十三岁官拜水军都督,执掌六郡八十一州之兵权,施苦肉,陷连环,借东风,借雕翎,火烧战船,使曹操望风鼠窜,险些命丧江南。虽有卧龙、凤雏之相帮,那周瑜也算小孩子当中之魁首。

第四节　声音悦耳的关键

一、什么是共鸣

从事演讲、朗诵、播音主持,或是话剧、电影配音等各项语言艺术工作的人,都需要有一定的共鸣作为基础,以达到宽厚、圆润、响亮、集中的用声效果。

什么是共鸣?当某一物体发声振动时,影响了另一物体,如果另一物体的自振频率与原物体的振动频率相同或形成一定比例,便产生共振现象,称之为共鸣。这是共鸣在声学上的定义。

主持的发声过程,是气息冲击声带的结果。声带发出的声音是基音与泛音的组合,但微弱细小,当这种声音在人体各共鸣器内产生共振时,使原来微弱细小的声音得到了扩大和美化,发出圆润、明亮的声音,这就是我们所说的"共鸣"。

什么是共鸣器?凡是由弹性壁或硬壁构成的某种腔体,里面充满了一定容量的空气,由于受到进入腔体中的声波激励,引起腔体内空气的振动,使某种频率的泛音被增强或抑制,从而形成了某一特定的音色,我们称这种腔体为"共鸣器"。

人体的共鸣器有能够自由控制的共鸣声腔,包括喉、咽、口、鼻各腔;还有固定不变的次要共鸣腔,如胸腔和头腔。

在学习发声的过程中,主要是学会调节可变共鸣器。根据发声的需要调节声腔的形状、体积以及管壁的硬度,使发出的语音准确,音量扩大,音色丰富。胸腔及头腔都各自有不同的共振频率,只有在语音中的频率与它们成比例,并且频率的强度足够大时,才能使这些腔体发生共鸣,从而加强声音,并且使音色产生一定的变化。

二、共鸣的作用

人耳听到的声音已不是由声带颤动产生的微弱的原声了,而是经过共鸣器加工过的声音,这种声音在共鸣原理上与乐器是一样的。就拿小号来说,如果只吹号嘴,也可以发出声音,但这种声音是干涩的,没有力量。加上号管来吹,就可以听到有强有弱、圆润、动听,并且会传得很远的声音。号管就是小号的共鸣腔。号嘴在气流的作用下发出了声音,声音在号管里产生了共振,形成了有共鸣的声音。不同的号管形状,就会产生不同的共振特性。人的声音与共鸣器官的关系也是一样的。在产生共鸣的过程中,共鸣器官把发自声带的原声在音色上进行了润饰,使它变得圆润、优美。调节好共鸣器官可以丰富或改变声音的色彩。

"共鸣"并不是神秘的东西,在日常生活中,人们说话都是在不自觉地运用各种不同的共鸣,有的人声音听起来脆亮,有些人闷暗,这些不同的类型都是自然形成的。主持艺术用声的共鸣就应该建立在平日说话最有效、最不费力,声音既响亮又清楚的那些共鸣基础上。具备自然条件者需要改进,先天差者也可以通过一定的训练得到提高。

主持多采用自然谈话式用声,因此用接近于日常谈话的中声区,也就是自然音域来发音。人声分为低、中、高三个高低不同的音区。音区问题不仅是音的高低问题,同时也是共鸣区的问题。也可以说,音区是根据音的高低与共鸣腔的运用、调节而形成。既然用声大部分采用中声区,而中声区的形成又在口腔上下,这样就决定了用声的共鸣重心应该放在喉、咽、口腔上下,以口腔为主,音高既不偏高,也不过低。呼吸的力量不要很大,多一点胸腔共鸣,比较高的音增加一些呼吸的力量,并利用一点头腔共鸣,这样,就可以保证演播者在生活的基础上,字音准确,声音舒展,风格朴实大方。

人的共鸣控制是通过骨骼、肌肉的运动改变各共鸣腔的形状、容积大小、腔壁的软硬度和弹性来实现的。播音发声的共鸣控制采取以胸腔共鸣为基础,以口腔共鸣为主,以混合共鸣为后备的声道共鸣方式。

三、声腔共鸣及其控制

主持艺术发声要求在保证字音清晰的前提下对声音美化,要求声音朴实、大方、自然。共鸣应服从内容,服从吐字的需要。要通过调节、控制取得较丰富的口腔共鸣,善于使用胸腔共鸣,以便使声音浑厚、结实、有力。同时要感觉经口腔发出来的声束,沿上腭中纵线前行,向硬腭前部流动冲击,从而有声音"挂"在硬腭上的感觉,使声音明朗、润泽、集中、发音有力。

主持艺术发声不可追求头腔共鸣过于丰富,以免声音过于明亮、尖利、刺耳;也不可过多运用胸腔共鸣,避免低音过于低沉、浑浊、闷暗、含混、压抑。

主持艺术发声对共鸣的控制,是一个综合的控制过程,要保证呼吸控制、口腔控制、喉部控制与共鸣控制的协调一致,相互支持,相互配合。

（一）咽腔共鸣

咽腔是鼻腔、口腔、喉头后面的一个通道,它是前后略扁的漏斗状肌管,也叫咽管,成年人的咽腔上起颅底,下至第六颈椎,共长约 14 厘米。咽壁由上而下可分为三段:软腭以上前通鼻腔,称为鼻咽;中段前通口腔,是为口咽;下段连接喉腔,叫做喉咽。软腭的升降可以关闭或打开鼻腔的通路,因此咽腔是个"交叉路口"。

咽腔是一个能由人的意志控制和调节的可变腔体,处于声道由垂直向水平方向转变的弯道部位,容积很大,形状可以改变的幅度也比较大,是人的声音的主要的共鸣腔,是声带音的必经之路。因为咽腔处于声带的上方,它们两者配合的程度,决定了发声的效率和音色的好坏。一般地说,发低音时咽管变长,低泛音成分多;发高音时,喉管缩短,产生的高泛音多。

主持发声中强调后咽壁在发声过程中的积极、正直,保持一定坚韧度,同时强调软腭抬起的积极状态。

为了保证字音在口腔得到更多的共鸣,首先应该使气流和音波在喉咽部保持畅通无阻。播音员主持人用声中的毛病有一半也就是出现在这里,就是所谓"嗓子眼堵上了"。通过实践和观察,若喉头上下活动范围大,并且位置太高的话,声音效果就会差,显得单薄、干涩。发音者想使声音发得响亮一些,只有加大气息压力的方法。但是这时的气息并不是从丹田发出的均匀气流，而是从浅部位发出一股股强气流。为了避免这股强气流的冲击，声带会被迫拉紧关闭。当气息压力增加一定程度的时候，声门被冲开，由于声门的开度比较大，又加上气压促使音调有一定的提高，所以声音就会响一些。这样用嗓的结果，咽喉部得不到共鸣的调节，加重了声带的负担，日久天长声带就会失去固有的弹性，主持人如果采用这样的用声方法，会使受众听来感到紧张吃力。

在主持时，喉位保持稳定比较好，喉头的活动范围小，喉部肌肉消耗的能量也就少，可以避免嗓子疲劳，这样也就会对高低音的音色起到统一的作用。如果喉的活动范围较大，喉位又高，喉紧，就应该从呼吸入手来解决。

咽腔虽然不大，但因为它恰好在产生声音的喉头上方，如果声带发出的原音在咽腔得不到良好的共鸣，其他共鸣腔的构造再好，声音也不会得到扩大和美化，会影响声音的圆润度。在主持艺术教学中，要求大家喉部要松弛，气息要畅通，有针对性地练习降低喉头和扩展咽腔也是可行的。

(二)喉腔共鸣

喉腔包括介于声带与假声带之间的喉室及位于假声带之上的喉前庭部。假声带是声门以上的第一对"门户"，它们平常是张开的，既可以靠拢，又可以下压，使喉室的形状与容积发生变化。它容积虽小，但喉腔是喉元音发出后经过的第一个共鸣腔，它的状况直接影响声音的质量。喉头可以在一定幅度内上下运动，升高时，声道缩短，有利于高频泛音共鸣；下降时，声道拉长，有利于低音泛音共鸣。

初学者，尤其是男生想要追求低沉声音的美感，故意把喉头压着，声音好像比以前要低沉一些，实际上进入了误区，这是我们常说的"压喉"，这样不利于喉头的放松。发声中强调喉头的放松及位置的相对稳定。

(三)口腔共鸣

口腔是气息冲击声带后形成语音的最关键的共鸣腔，也是最复杂、最灵活的腔体。因此，口腔是主持艺术用声共鸣的中心。

从结构来看，口腔由唇、齿、舌、腭、颊构成。腭是口腔的上壁，分前后两部分。前部分由骨质构成的叫硬腭，后半部分没有骨质的叫软腭，是一个"活门"。软腭后的顶端有一小舌头样的组织叫悬雍垂。平时呼吸时，软腭是下降的，气息在鼻腔中流动。舌头位于口腔底部，舌头的前三分之二在口腔叫舌体，后三分之一在咽腔叫舌根。颌骨是支持面部和口腔的骨架，包括上下颌骨。上颌骨是固定的,下颌骨通过关节的活动进行张口闭口、前伸后退等活动。上齿、下齿、上唇、下唇,软腭分别是口腔中两道可开闭的门户。

在语音学中,一般以舌头最高点作为讨论舌头的标志点,也叫舌高点,舌高点指舌背弓形最高点。由于舌高点的隆起,使口腔形成了前后两个声腔。舌高点的位置的变化形成声腔形状大小的不同,从而引起音色的变化。

同时,恰当地控制口腔的开度也是一种必要的技巧。口腔的开度要在保证字音准确的前提下,使音波在由软硬腭中部传到口腔前部的这条道路上通畅,最大限度地发挥它的共鸣作用。根据实践经验,共鸣腔的结构往往影响声音的响亮、圆润。一般来说,口腔的上腭比较深阔、拱形较大,也就是腔大的人,发声比较洪亮;反之,声音显得差一些。音量大的人口腔开度大,反之则小。由此可知,共鸣的好坏与共鸣腔体的大小关系密切。控制口腔的开度,主要是通过降低舌前部来实现的,要注意上下颌的开度。后声腔要根据字音的要求以及个人的情况适当扩大,但过大会使声音显得靠后、发闷。由于每个人的口腔大小及形状不一样,在打开口腔的同时,往往会伴随引起发音的声音偏前、靠后等问题,这就要求主持人根据自身条件及稿件内容的需要进行调整。

在改善口腔的共鸣中,还要注意口腔肌肉的松紧度。口腔壁有一部分是硬的,有一部分是软的。软壁的弹性可以随肌肉的紧张显著增加,从而使口腔共鸣随之改善。适当地缩紧口腔肌肉,可以加强口腔壁的硬度。口腔软壁越光滑,声音越不会被吸收,混响时间也就越长,增大了声音的回旋余地,从而使声音变得清晰有力。假若口腔松弛,声波就会被鼻腔壁吸收衰减,声音就含混,给人以"散"的感觉,所以也就传不远。在主持中,强调绷紧口腔内的软壁肌肉,加强唇舌力度,这对于字音的清晰、响亮都是有益的,同时也可以减轻喉部的负担。

根据用声艺术的经验以及一些主持人的体会,认为微笑对于加强口腔前部的共鸣以及唇部的力量有很大的作用。在这里起作用的就是使面部带有微笑的喜悦色彩。在做发音练习时,面部带有微笑表情,笑肌以及其他一些表情肌,如嚼肌、颧肌、上唇方肌、犬齿肌等肌肉收缩,可以把嘴角拉向上方和外方,使舌高点后移,舌面降低后,加大了口腔的开度,字音的宽度、亮度得到了加强。

口腔各部位的状态,直接关系到口腔的共鸣。它们是相互作用,协调配合的,缺一不可。由于普通话语音在口腔形成,如果得不到良好的口腔共鸣,"字正腔圆"也就无从谈起。因此,播音发声强调口腔共鸣要打开牙关,提起颧肌,挺起软腭,放松下巴,打开口腔。在开口说话之前先做好这个动作,使口腔在发声过程中处于积极的状态。同时强调各咬字器官力量的集中,尤其是唇、舌力量的集中,舌位要准确、鲜明,动作要流畅、灵活、完整。

(四)鼻腔共鸣

鼻腔共鸣是通过软腭来实现的,当软腭放松,鼻腔与口腔的通路打开,声音在鼻腔得到了共鸣。软腭关闭后,声音沿硬腭传导到鼻腔内壁,可以感到鼻腔在振动,这是声音在鼻腔的两种共鸣方式。鼻窦是鼻腔四周颅骨和面骨内的含气空腔,体积较小,共有四对,分为上颌窦、筛窦、额窦和蝶窦。它们都具有共鸣器的功能。

在主持中,尤其是遇到带有鼻韵尾(n、ng)音节时,由于字音延长,在主要元音部分软腭已略有降低,因此带有鼻音色彩。随着舌头移动到 n、ng 部位,软腭完全降下,鼻咽通畅,这种鼻音拖腔,能充分发挥鼻腔的共鸣作用。鼻音字经过鼻腔的美化加工后,会给人一种明亮、畅通的感觉。在主持中,平均每分钟要读 200 个字左右,时间短促,充分发挥鼻腔共鸣是有一定困难的。但应该做到:发前鼻音 n 时,舌尖抵到上齿龈,硬腭振动;发后鼻音 ng 时,舌根抬起与软腭相接,软腭振动。在这同时,堵塞口腔通路、软腭下降,让气流从鼻腔后部流出发出鼻音。要做到收音到位,尤其是带鼻韵尾的音节,在句尾、段尾或由于感情的需要,要强调它的时候,更要充分发挥鼻腔的共鸣作用,让受众感到语句完整,声音洪亮、声音更富于表现力。可是常有一些主持人,由于口腔各部肌肉松懒,前后鼻音归不到位,既影响了字音的标准,也不能充分发挥鼻腔的共鸣作用,稍不注意,前后鼻音还会发生混淆。

口腔和鼻腔是两个相邻的腔体,鼻腔通过口腔的作用参与了对语音的加工,同时也进一步美化了音色。在主持中,要做到字正腔圆,就不能忽视鼻腔共鸣的作用。

(五)胸腔共鸣

胸腔位于声带以下胸部肋骨内,它有固定的容积和空间,与气管、支气管共同构成不可调节的共鸣器。胸腔共鸣也需要在口腔共鸣的基础上加以调节。胸腔的空间及共鸣的能量越大,发出的声音越浑厚、宽广。由于共鸣的部位低,有人把它看作是一个低音喇叭,适于发比较低的音调。

在主持中,由于稿件内容的需要,声音应具有一定的深度和宽度时,胸腔就成为口腔共鸣不可缺少的基础。当两者浑然一体、运用自如时,不但从色彩上体现出一种庄严、深沉的感觉,在内容上也会让受众感到真实、可信。

在实际运用时,有一些音调比较高的人,由于声音比较单、窄,应在自己声音条件允许的情况下适量加些胸腔共鸣,使音色得到改进。但也有一部分男声,他们的原声低音比较丰富,在日常谈话时会让你感到他的胸部明显振动,一旦进入工作状态时,却失去了大部分胸腔共鸣的声音,变得浅薄、虚假,这是因为片面地追求一种腔调所致。女声缺少胸声的支持,声音也会刺耳、发噪。

要想得到胸腔共鸣,首先应该使声音在喉、咽、口、鼻各腔得到很好的共鸣。由于发低音时声带是整体振动,而且变长变厚,所以应尽量放松声带,自己在发音时应该感到声带在振动,此时要降下喉头,略抬胸,同时要增强呼吸的控制,下腭自然下垂,咽喉部稍扩一些,使声音进入气管,这样就能使声音共振起来,会感到这个低音喇叭就在胸部。主持时,要防止故意把声音往下压,造成喉音,令气息不畅通。

(六)头腔共鸣

头腔共鸣实际上是鼻腔共鸣的深化。鼻腔共鸣的位置是很具体的,声波通过鼻腔,引起鼻腔共鸣,鼻腔紧靠颌窦、筛窦、蝶窦。通过骨头的传导,引起了这些小窦室的振动。由于共鸣腔比较小,部位又高,适合高音区用声的需要,发出的声音听起来好像不是从嘴里出来的,而是从眉心透出,声音高昂、明快、铿锵有力,适合于表现激昂热烈的感情色彩。

在主持中,由于语音的限制,一般用不到头腔共鸣,只需鼻腔共鸣就可以了,但在特殊情况下,有时也会用到头腔共鸣来加强稿件的感情色彩。主持人应该掌握头腔共鸣的方法,一旦需要就可运用。否则就只会依靠拉紧声带提高音高,加强气氛,给听众、观众一种声嘶力竭的印象,或者采取降低调门的方法,使需要一定的音高的内容,无法达到,使表达能力下降。

头腔共鸣需要一定的气势及一定的音高,运用起来比较吃力,因此一定要在练好中声区的基础上再来练习头声,在保持好一定的气息后,把口腔共鸣中音波传递的方向稍向后向上移动,舌头隆起,不让声波自由地从嘴里流出来。这时由于软腭上提,咽腔与鼻腔就被分割起来,在这种情况下强迫音波沿着硬腭骨壁往上冲向鼻窦,由于这些小窦室的共振,就产生了头腔共鸣,会给人以音出眉心的感觉。要注意挺胸,颈椎与脊椎成一条直线,使声腔上下通畅无阻。

第五节　情感色彩的外部体现

一、什么是声音的弹性

获得对声音的控制能力,并不是最终的目的,如果没有声音形式的存在,稿件内容丰富多彩的变化是展现不出来的。体现在稿件中的这种声音形式,并不是发声器官各个部分简单地单项控制所能达到的,也不是各发声器官的简单相加所能奏效的。它是各发声器官综合运用的结果,它是一种潜在的智能的发挥和运用,这种综合运用的依据就是稿件所需要的色彩变化。没有它的存在,声音的和谐使用变成了无源之水、无本之木。

(一)声音的伸缩性、可变性

"弹性"这个词是借用了物理学的概念,它原指"物质受外力作用变形后,除去作用力后,又恢复了原来形状的性质"。同时也比喻事务的可多可少,可大可小等伸缩性。主持人的声音在运用的时候,面对稿件的不断变化的情节中的人、事、物产生的种种感受、感情,要使自己的声音处在控制、调节之中,以适应稿件思想感情的各种变化,这种适应性就是声音的弹性。声音的弹性是指主持时声音形式对于人们变化着的思想感情的适应能力,即声音随感情变化而来的伸缩性、可变性。

主持人的声音必须具备一定的弹性。在节目中,很多时候即兴主持的话题五花八门,为了准确地表达语言内容及其蕴涵的感情色彩,主持人应当具有丰富的声音变化能力以适应表达的需要。

(二)丰富的声音变化能力

在播音主持艺术创作中,主持人的思想、感受、感情是和他所表述的内容的情节、观点中所要求的思想情感运动是一致的,这种思想情感是主持艺术创作的动力。它要求主持人的气息、共鸣的使用,甚至吐字的清晰度,出字的力度随之而变化,以求恰当地表现出符合内容需要的声音形式,实际上这已牵扯到了主持的语言表达了。主持艺术创作中就要求主持人的声音对于所表述的内容应该有极强的适应能力、造型能力。

在广播电视节目中,有声语言的表达需要色彩鲜明,变化起伏,层次感强。单一的声音变化,如声音的高低、强弱,虽然能够表达某些感情色彩的变化,但在实际使用中,声音的变化往往是多种声音要素的结合。声音具有弹性,才能成为表达得力的工具,使"以情带声"具有扎实的声音基础,而不是一句空洞的口号。

二、声音弹性的特点

主持的最终目的就是播音员、主持人通过对所播内容的处理后,传达、感染、激励听众和观众,以求达到播出目的,但这必须是在有感而发的基础上。评价、衡量主持的好坏的标准就是"有没有感情","对外界刺激的比较强烈的心理反应",这个"外界"就是我们所主持的内容。在充满感情变化的同时,根据对生理的分析结果,它会使呼吸器官、消化器官以及心脏的活动产生一系列的变化。

声音弹性具备以下几个特点:

1. 对比性

声音弹性的获得在一定条件下才能成立。这就是主持人的主持艺术创作是以具有所述内容的思想感情作为基础,以多变的声音作为形式才能存在的,在这里声音的多变性是形成声音弹性的先决条件。支持声音的声带制造出来的音质应该是结实有力的,音域是宽广的;作为发声动力的气息应该深浅自如、控制得法;形成字音的口腔自然是饱满的,唇、齿、舌、牙、腭配合默契。

2. 多变性

声音弹性是在对比中呈现的。它源于大自然:大海有时风平浪静,有时波涛汹涌;天气有时风和日丽,有时狂风骤雨。它同时也源于生活:人的感情会呈现明显的反差,喜与悲、怒与乐、哀与笑,对是非的褒与贬,态度的亲切与严肃、含蓄与直露、坚定与犹豫,感情上的热爱与痛恨、沉痛与愉悦等。反映在表现形式上,如对节奏的把握就有轻快与凝重的对比,低沉与高亢的对比,轻缓与紧张的对比。

3. 层次性

声音弹性的表现空间具有层次性。层次性的理论基础源于情感的多样性。人的感情是细微的,声音弹性也应是细致可感的。比如对语言表达中的有关语气的理论就谈到,语气有色彩的万紫千红,有分量的千差万别,有声音的波澜起伏,有口腔的松紧开合,有气息的多少疾徐,都随着具体稿件或所阐释的内容、具体语言环境、具体词语序列、具体词语色调、具体播音者的不同而呈现有声语言的独特性。

4.复合性

声音弹性是以各种对比项目的复合形式出现。在实际生活中,声音弹性不是以单项对比形式出现,而是综合产生的。如表现高兴的声音,往往是又亮又高,也无快慢节奏的变化,甚至岔了声;表现爱的情感一般是气徐声柔,口腔控制松软,气息深长;恨的感情是气足生硬,口腔紧窄,有种挤压感,气息猛,显得不通畅;冷的感情一般是气少声平的,口腔松懒,气息微弱。所有这些,可以看出声音弹性的表现形式不是孤立存在的,经常是交错结合,结伴同行的,因此声音弹性永远不会单一,但在复合中应有主次之分。

三、声音弹性训练

声音的弹性不仅表现在声音的可变性上,而且表现在声音的对比性上。因此,声音的对比训练是提高声音弹性和丰富声音色彩的有效办法。

既然声音弹性从对比中显现出来,我们可以把声音分解为单一对比进行训练,以找到各种对比成分的特性及其把握声音弹性的能力,然后再做复合式训练。对比的要素越丰富、越细致,掌握声音弹性的技巧就会越高。

1.近与远

练习一:和处在山对面的朋友的对话。设想大约在50米开外,发声时随时调整距离。

甲:喂——,喂——,朋——友——!

乙:哎——!

甲:快——来——呀——!

乙:什么——事——呀——?

甲:咱们去看——电影——!

乙:好——哇——!

练习二:散文《井冈翠竹》(作者:袁鹰)中的一节。

第一段有俯瞰的感觉;第二段是远近的变化,甚至近到了有特写的感觉。

井冈山五百里林海里，最使人难忘的是毛竹。

从远处看，郁郁苍苍，重重叠叠，望不到头。到近处看，有的修直挺拔，好似当年山头的岗哨；有的密密麻麻，好似埋伏在深坳里的奇兵；有的看来出世还不久，却也亭亭玉立，别有一番神采。

2. 低与高

练习："太阳出来了"，设想在大海边观看日出的情景。音高由低到高成渐进式，同时也复合进了音量的弱强的控制。

别嚷，快看呐！

太阳露出头顶了，

太阳露出眉毛和眼睛了，

太阳露出笑脸了。

太阳跳出来了，

太阳离开了大地，

太阳升起来了，升起来了！

3. 强与弱

练习：

"长江之歌"耳熟能详，强弱的处理会为表达铺垫一个很好的基础，练习要根据自己的声音条件量力而行。

长江之歌

胡宏伟

你从雪山走来，春潮是你的风采；

你向东海奔去，惊涛是你的气概。

你用甘甜的乳汁，哺育各族儿女；

你用健美的臂膀，挽起高山大海。

我们赞美长江，你是无穷的源泉；

我们依恋长江，你有母亲的情怀。

你从远古走来，巨浪荡涤着尘埃；

你向未来奔去，涛声回荡在天外。

你用纯洁的清流，灌溉花的国土；

你用磅礴的力量，推动新的时代。

我们赞美长江,你是无穷的源泉;

我们依恋长江,你有母亲的情怀。

啊,长江! 啊,长江!

4. 前与后

练习:这是一篇散文的一段,段首的声音处理可靠前些,随着景物的描述逐渐沉下来,声音做偏后的处理。

那纷纷扬扬,飘飘洒洒的雪花,晶莹透明,沾衣欲湿,扑面不寒,落在黑黝黝的土地里,立刻化为团团温馨的热气,让人感到喜悦。

5. 实与虚

练习:播音主持要求以实声为主、虚实结合的声音,随内容而转换虚实的程度。下面的散文"白雪"由于抒情的需要可以采用虚实结合的声音弹性来处理。

像柳絮,像飞蝶,情绵绵,意切切。我爱这人间最美的花朵,白雪飘飘,飘飘白雪。看她那晶莹的花瓣,铺满了天边的原野,看她那轻盈的舞姿,催开了红梅的笑履。啊! 白雪飘飘,飘飘白雪,她赠给大地一片皎洁,她撒向人间多少欢悦。是她用纯真的爱情,滋润着生命的绿叶,是她把热烈的追求,献给那美好的季节。啊! 白雪飘飘,飘飘白雪,她带给人间多少向往,她纵情欢呼新的岁月!

6. 厚与薄

练习:厚与薄跟粗与细的声音应该有所区别,但在声音弹性元素的区分上是不明显的,可以放在一起进行练习。厚重的声音往往表现较深沉的、郑重的色彩;薄的声音可以衬托较愉快的氛围。下面这段应该前厚后薄。

京城的大院数不清,京城的古迹也是世界罕见的,然而这一切都不是我的,属于我的唯有那小小的四合院和院里的那颗枣树。

枣树已经很老了,像个老古董,它活了多少岁没有人能数清。每逢秋天,那满树的大红枣,喜人、馋人,那枣一头尖尖的,皮薄而肉厚,一咬又脆又甜。

第二章　主持人的审美修养

第一节　主持人审美心理

一、主持人的审美美感

　　美感的第一个显著特征,在于它带有突出的直观性,经常表现为一种不假思索的直接感受。我们判定一个东西是美的或丑的,常常不需要按照某些既定的概念进行一番复杂的分析证明之后再做出结论。英国美学家柏克说过:"美的出现引起我们一定程度的爱,就像冰块和烈火之产生冷或热的观念一样灵验。"但是,美感的直观性并不意味着在审美的时候概念、思维、理论统统不起作用。相反,在我们对美的直观里潜伏着各种复杂的理性认识,只不过这些理性的东西,在长期的生活实践中,已经渗透到我们对各种事物的情感态度里,因而审美直观,就显得好像是不假思索的了。

　　美感的第二个显著特征,在于它交织着情感和想象。中国古典美学强调:"登山则情满于山,观海则意溢于海。"就是对这一特征的生动描述。情感和想象在科学认识中固然起着一定的作用,但它只是导向抽象的理论认识的一种辅助手段;而在美感中,情感和想象却是在它的交互作用和活跃的展开中导向对客观的美的欣赏和体验,从而使我们的性情得到陶冶。当然,在美的欣赏中我们也能够获得客观真理的认识,但这种认识就内容来说,只限于同人的自由的实现相联系的生活真理,而不是任何一种真理;就认识的方式来说,是感性形象,而不是抽象理论,并且总是伴随着人的情感态度。人们在审美时,不仅从美的对象中品味到它包蕴的思想内核,而且能引起心灵的震撼,激起强烈的喜、怒、哀、乐的情感。人们所说的"赏心悦目",形象地概括了美感既要"悦目",又要"赏心"的特点。

美感的第三个显著特征,在于它不是功利欲望的直接满足,即具有超功利性。例如,我们在欣赏各种各样花卉时,并没有想到这些花卉有什么实际用途,能给自己带来多少财富等功利欲望。美的事物绝不仅仅在于它所具有的功利上的价值,而且在于从这种功利价值的创造中所显示出来的人的智慧、才能和力量。

审美的这种超功利性,能激发人们摆脱世俗的强烈的物质欲,摆脱各种卑微、琐碎的个人私利欲望的束缚,使人的心胸更加开阔、情操更加高尚,唤起人们对生活的热爱、对理想的追求,从而有利于整个社会的人的素质的提高,有利于社会的文明与进步。

主持人在培养自己的审美能力时,必须首先具备这种美感,只有具备了这种美感,才能在主持节目过程中将个人的名利得失、功利欲望淡化和消解,使自己的胸怀变得更加博大和开阔,最终才能将最美的东西传播给观众。

二、主持人的审美态度

任何审美活动都离不开审美对象(客体)和审美主体二者的共同存在,主体审美素质的高低与其审美眼光是联系在一起的,审美眼光的第一要素是审美态度。

人们可以用不同的态度去看世界:用功利态度看世界,其结果是对世界上的人和事物做出算计,看他们对自己有什么利弊得失;用科学态度看世界,其结果是对世界上的人和事做出客观、公正的分析与评价;用审美态度看世界,其结果是对世界上的人和事做出情感和意味的观照,抛开了一切功利得失的算计,专注于人和事对审美者人生的喜、怒、哀、乐和悲、欢、离、合,有生命、有情感的东西或无生命、无情感的东西,在审美者的眼中全都变成了生命和情感。用审美态度观照世界,使人自身变成一个天真无邪的儿童,具有了一颗天真的童心。为什么人们常说艺术家,特别是一些大艺术家非常纯真,其秘密就在这里。在艺术家的眼中一切都是美好的,即使是社会现实中许多丑恶的东西,一旦经过艺术的否定之后,变成了漫画、讽刺、幽默、喜剧,其艺术形式也是美好的。

主持人与艺术家一样,也应该用审美态度去看世界。主持人应该用自己敏锐的审美眼光去观察、捕捉、揭示和品味世界的美,并将这些美传播给公众,让公众和自己一样去分享世界美的快乐,在这方面中央电视台的许多节目主持人都是这样做的。如20世纪80年代初期制作的电视系列节目《话说长江》《话说运河》的主持人陈铎和虹云就是用自己观察和品味到的长江和运河两岸的自然风光、历史遗迹、民情风俗及现实社会生活中的美,将这些美娓娓动听地叙述给观众,让观众一起和他们分享这些美的快乐。主持人以审美态度看世界就是善于用自己的主持活动为观众营造一种美的环境和美的欢乐气氛,能做到这一点甚至可以化丑为美。

三、主持人的审美趣味

审美活动从根本上讲是人从对象上直观人的自身,然而,每个人因心理、生理素质,文化教养,生活环境和生活经历的不同。于是从对象上所产生的审美感受也会有差别。最能体现这种差别的则是审美趣味,这种审美趣味的差别在个体方面则表现为个人趣味、爱好不同、表现审美能力的高下深浅不同;在时代方面,则表现为时代审美趣味的差异;在民族方面,则表现为民族审美趣味的差异。

(一)判断美丑的能力

如果说审美态度是审美活动的前提条件,那么审美趣味的获得则标志着你已经进入了审美的殿堂。所谓审美趣味是指人在审美直观和体验中,根据是否喜欢该对象或现象,从而确定它的审美价值和区分美丑的能力。审美趣味是通过个人主观爱好的形式表现出来的,由此决定人们在多种多样的美的形态中应有广阔的选择对象的自由,这种选择自由,就是美作为人的自由的感性表现这一本质特征在人们主观感受中的表现,没有选择自由,就没有审美感受的丰富性。趣味中的审美需要有高低和雅俗之分。

审美趣味既有个性差异的一面,又有时代的、阶级的、民族的、共同的一面。这种社会性的共同审美倾向,反映着人们对于美的追求和愿望,它集中地表现在一定时代、一定阶级和民族的审美理想之中。

主持人的审美趣味应该比一般人的审美趣味高雅、纯正一些。只有具备了高雅纯正的审美趣味,才能将真正美的东西传播给公众。也只有具备了高雅纯正的审美趣味,才能对美丑做出准确的审美判断,才能具有较高的审美能力,高雅纯正的审美趣味本身也是个体文化内涵和社会教养的重要组成部分。

主持人培养个体的审美趣味,除了在质方面要纯正、高雅以外,在量方面也要尽量广泛些。生活情趣是培养审美趣味的基础。艺术情趣是审美趣味最集中的表现。艺术是艺术家把现实生活美、自然美、形式美等丰富的审美对象,经过集中、概括、提炼,并用艺术形式给予表现的纯粹的审美对象。它最集中、最典型地反映了艺术家的审美趣味和审美理想。所以要真正提高个人的审美趣味,还是要多欣赏那些高雅的、纯粹的艺术作品。

(二)时代审美趣味

审美趣味除了具有个性差异,还有社会性的共同审美倾向的一面,即时代的、民族的、阶级的审美趣味。它们反映着人们对美的追求和愿望,并集中地表现在一定时代、阶级和民族的审美理想之中。

时代审美趣味是指处于同一时代的人们由于面临大致相同的生存方式、社会存在、社会问题,受到极为相近的时代精神和社会风尚的影响,所以形成了大致相同的审美趣味。

时代审美趣味在文学艺术上最集中地表现在文艺的时代风格上。如中国文学史上的“建安风骨”与“齐梁绮靡”,欧洲文学史上希腊罗马文学的“素朴”风格与中世纪以后文学的“感伤”风格等。

主持人首先要从时代风尚中准确地把握到时代的审美趣味。只有把握了时代审美趣味才能更好地做好主持工作。那么,当代社会的时代审美趣味有哪些特征呢?我们认为至少有以下几个特征。

第一,以主流文化和精英文化为导向的高尚趣味。主流文化是指一个社会中,由传统、政治权力、社会权力通力维护和阐扬的一整套价值体系以及为这一价值体系服务的一切文化设施。其功能在于为这个既定的社会辩护,维护该社会的稳定。主流文化具有权威性、神圣性、严肃性,它从精神、制度、行为三个层面都有一整套严格的规范。精英文化是哲学家、思想家、艺术家和其他专业人员创造的文化。其接受者主要是那些受过良好教育、文化层次较高的读者、观众、听众。它在文化中是一种自觉形式,表现出强烈的载道意识、忧患意识、范世意识和责任意识。它追求的是人类存在的意义和终极关怀问题。精英文化有时对主流文化也持对抗和批判的态度,但是由于精英文化是指向一种高级的价值取向,推崇高尚的审美趣味,因此,主流文化总是与精英文化联手合作,并把精英文化作为整个社会的价值坐标。同时精英文化的创造者也往往就是该社会的社会名流。他们与主流文化的官员们有许多社会交往,也必然形成联系,二者共同组成上流社会。上流社会追求的审美趣味往往成为整个社会所崇尚和追求的典范。

第二,以民间文化为传统的乡土审美趣味。民间文化是指较多地保留传统的趣味、风尚和习惯的民间创造的文化,它维系着与以往传统文化的血缘联系。像家传户诵的民间故事、传说、谚语,众口传唱的民谣、山歌,土生土长的地方戏、剪纸、泥塑、纺织物、绣品等,其创造者不以作者自居,不谋求什么版权和专利。创造者与接受者是同一的,它是一种自娱自乐的文化形式。文化风格是群体化的,是集体创作的,这里的"集体"是个历时性概念,即经过一代又一代人反复修改,不断完善的过程。

第三,以流行文化、消费文化为导向的大众审美趣味。流行文化和消费文化是当代社会一种普遍的大众文化现象。流行文化是现代都市中流行的、以都市大众为消费群体的文化形态,是一种带有商业色彩、运用技术手段生产出来的文化。消费文化是 20 世纪 20 年代才开始出现的大众文化现象。大众消费从一次性消费到耐用品消费,从家电、服饰、食品到汽车、住房、通信,从各种俱乐部到各种酒吧、咖啡屋、网吧和休闲娱乐场所等,它涉及现代人全部衣、食、住、行等生活的方方面面。大众的消费观注重舒适、快捷、轻便、健康,讲究品牌,崇尚个体在消费中的身份、地位和生活质量。大众审美趣味所注重的是娱乐、休闲和消遣,注重个体的参与性和游戏性。

目前许多电视台所主办的广告、休闲、娱乐、购物引导、生活等节目都是属于大众审美趣味节目。大众用两种基本方式来对待自己的下层性(因种种生存压迫而造成的无能为力的处境):一是逃避,二是对抗。二者是相互联系在一起的,并且都包含着快乐和意义的相互作用。如在当代广场文化中人们学会了社会参与和社会责任。意义在大众审美趣味中并未消失,而是得到探索和新的解释、张扬、延伸。因此,作为主持人应看到大众审美趣味这一深层的本质,这样才能更好地引导大众审美趣味健康有序地发展。

(三)民族审美趣味

不同的民族由于自然环境、社会条件、语言习惯、社会风尚、文化传统、血缘生理等诸方面的情况不同,于是产生了不同的审美方式,形成了各个民族自身独特的审美趣味。中华民族的审美趣味就不同于西方民族的审美趣味。

民族审美趣味最为集中和典型地表现在各个民族的艺术之中。如同是表现佛教艺术的印度雕塑和绘画,与中国佛教艺术的雕塑和绘画就有很大区别。如文学方面,同样描写贵族少女争取婚姻自由的《西厢记》和《罗密欧与朱丽叶》,两者所表现的民族审美趣味就不同,因而在文学作品中,对主人公的性格描绘、语言表达等方面就显示出了迥然不同的风格。

真正的民族审美趣味不仅能表现出该民族的审美情趣和时尚,更为重要的是它是该民族的"眼睛",通过这"眼睛"能表现出该民族的民族精神。一个民族的艺术越具有该民族的审美情趣,就越具有世界性。中国画、中国京剧、中国音乐,近几年来在世界范围的巨大影响就充分说明了这一真理。

主持人在主持不同民族的节目中就要善于把握该民族的审美趣味,并从这些审美趣味中揭示出该民族的生活方式、价值观念和民族精神。中国是一个多民族国家,56个民族丰富多彩的审美情趣是我国一大笔宝贵的精神文化财富,如何去挖掘和保护它,予以发扬光大、宣传传播,是我们主持人义不容辞的责任和义务。

四、主持人的审美感受

主持人的审美态度和审美趣味必须化为实实在在的审美感受。审美本身就是一种感受,没有感受作为基础,审美就会成为神秘、虚幻的东西。主持人的审美感受除了与一般人有共同之处外,他还有作为职业人的独特的审美感受,即对节目的时间感、空间感、镜头感和画面感。

所谓审美感受是指审美主体对审美对象产生审美感知过程中所伴随的情感状态。审美感受是整个审美活动的核心,无论审美态度、审美趣味、审美情感、审美理想等,都必须通过具体的审美心理感受过程才能形成。当然审美观念、审美趣味、审美态度、审美理想一旦形成,它们必然地要对审美感受发生作用,这些作用即表现为审美感受的选择、判断和评价,引出主体对客体的一种愉悦的创造性的把握和领悟。审美感受是最具主观色彩的审美心理。审美感受的最大特点是直觉性(直观性),我们在欣赏一个美的对象时,立即就对这美的对象做出直觉的反应。当然这种直觉性对于个体而言,是历史发展的结果,即在个体成长过程中对美的对象欣赏多了,逐渐积淀起对美的对象的一种直观感受,这种感受就变成了个体的一种能力。

主持人的最高任务是要驾驭节目,要做到能把节目掌握在自己手里,胸有成竹，运用自如，真正起到"主宰"和"灵魂"的作用。而要驾驭和主宰节目，关键是要参与节目。主持人要参与节目的设计、采访、编辑、制作，熟悉了解整个节目的全过程及其内容。参与节目即在节目制作过程中把握节目。在参与节目过程中就了解了该节目的速度、节奏，不同的速度和节奏会产生不同的美感效果。如体育节目的速度和节奏一般都比较明快，这种快速度和快节奏，给人以速度、力量、紧张、亢奋和青春的美感。因而主持人在主持这类节目时，一定要把握节目的速度和节奏，并有意地强化这一美感特征，给人造成更大的视觉和听觉的冲击力。中央电视台的宋世雄主持的体育节目就具有这种审美特征。节目的时间节奏美还表现为主持人在串联节目中所展示的逻辑进程。有人将这种逻辑进程称之为"蒙太奇"。电影中的"蒙太奇"就是电影的逻辑结构，有了这种"蒙太奇"，就能将不同的镜头、画面、场景组合成一部有内在联系的电影。电视节目也是如此。

与摄像机面对面，主持人的这种空间位置关系人尽皆知，摄像机总要把眼前那最无遮无掩的空间让给主持人，这位置在电视荧屏上占有非常重要的空间。节目的空间感的最大特点是给观众以一种自然、真实的感受，有了这种自然、真实的空间，就能激发观众的注意力和参与感。对于新闻报道节目，主持人要不失时机地出现在报道现场。中央电视台焦点访谈节目把报道的触角伸向一些"黑暗""神秘"的空间，揭示了许多社会丑恶现象，这些都表现出主持人的社会良知，激发公众对丑恶的批判和愤怒。在节目的空间中如何处理好主持人与采访对象和周围群众的关系，这对空间美感的产生也具有重要的作用。当然，站在哪儿，选择什么特点的空间主持节目并没有固定的规定。让报道位置靠近群众，使自己的形象融合在生活的情景中是其中的形式之一，不是要时时处处都如此。但关键的是主持人要学会将自己融于社会空间、生活空间、人的情感空间之中，这样的主持才具有永恒的魅力。

五、主持人的审美情感

审美情感不但是审美的动力，而且审美也最终呈现为一种特定的情感感受状态。看一场电影、读一本小说、观一部电视连续剧，我们随剧情或书中人物的遭遇、命运而悲、而喜、而怒、而愤、而紧张、而愉快……尽管你会为这些虚构的人物、情节、故事大动日常情感中的喜怒哀乐，但由于这些日常的喜怒哀乐已经被综合、协调、中和,于是使人最终感到的是一种愉快的情感。

主持人在主持活动过程中所产生的是处于日常的自然情感和审美情感之间的一种复杂的情感,它绝不是日常的自然情感。如果在主持过程中纯粹是自然情感,那么这种情感就得不到控制,就会受情感的洪流支配而任其宣泄,这势必会影响主持节目的效果。同时,在主持过程中主持人所产生的情感又不能像艺术家和演员那种纯粹的、超越的审美情感。电视节目毕竟不像艺术那样与日常生活需要保持一定的距离,对生活持一种冷静的观照,而正是这种距离将日常生活的自然情感和艺术的审美情感区别开来。电视节目的情感与日常生活的自然情感没有像艺术那样大的距离,它必须与生活保持一致,否则观众就会认为你在"做戏",你的情感是假的。但节目中的真情又不是毫无控制的自然宣泄,而是经过主持人处理了的情感,这种处理后的情感得到了一定的控制和疏导,因而它比日常的自然情感更纯粹,它又带有审美的性质。可见,主持人在主持活动中所产生的情感介于日常生活的自然情感和艺术审美情感之间,是一种更复杂的情感。

优秀的节目主持人都能做到正确处理情感,中央电视台的著名节目主持人倪萍也是一位善于处理情感的人。倪萍是从演员转行当主持人的,10年戏剧表演艺术的积累为她奠定了一定的主持功底。但电视荧屏形象不是舞台形象,舞台形象可以调动多种艺术手段,使"非我"的艺术形象凸现在人们的眼前。而荧屏形象虽然可以进行设计或调整,但其根本是要展现主持人更真实、更完美的"自我"形象,要成为公众认可、接受的形象并不是一件容易的事。倪萍由演员转为主持人,并获得了成功,其最大的奥秘应归功于她那真实的情感。在她那明朗的笑容和亲切、谦和、甜美、柔润的脸庞上,那富有辐射神采的眼睛透出了真挚的热情,透出了东方女性特有的善良、随和的神韵。她的完整的荧屏形象体现于节目的始终。她在主持节目过程中,无论是娓娓道来的柔情,还是义正词严的激情;无论是全心投入的深情,还是高兴愉悦的"喜情",无不透出倪萍的真情。正是这种真情,才使她赢得了观众的认可和赞扬。

节目主持人的"真情"并非纯粹生活化的自然之情,不可设想,一个主持人出现在观众面前时,可以漫不经心地流露出生活形态的随意性。节目主持人在主持节目时,有意识地张扬或外化自己的某些情感,弱化或敛收自己的其他方面的情感是完全必要的,这样处理是为了使主持人“更真实、更完美”。

第二节 主持人审美标准

一、审美标准与价值标准

人们在审美评价中总会自觉不自觉地运用某种尺度去衡量审美对象,这种用以衡量对象审美价值的尺度就是审美评价的标准。社会生活本身是丰富多彩的,审美对象的具体形象变化多端、无比丰富;同时,由于每个人的生活经验既有共性也有个性,各个人的生活经验和审美经验的不同,形成了各个人独特的审美趣味。从表面上看,这种趣味本身似乎没有什么客观标准,似乎审美没有什么标准可言,而实际上,人们在审美时仍然遵循了某种标准。

我们所讲的美是客观的,不外是说:第一,美是社会实践的产物,不是精神的产物;第二,各个时代的美是由该时代的社会实践所决定的,有什么样的社会实践就有什么样的美;第三,判定美、丑的客观标准是社会实践,只有同人类历史发展的必然规律相一致的美才是真正的美。而这种建立在实践基础上的客观说,并不排斥在唯物的意义下了解的主客观统一说,因为实践本身即是一种变主观的东西为客观的东西,使主观同客观达到统一的活动。在人类实践的基础上产生了价值判断。价值判断是客体的属性是否满足主体的需要,由主体做出的评价和判断。审美标准说到底是一个价值标准问题。

价值是通过人们的社会实践实现的,人们社会生活的需要、兴趣和目的是多方面的,所追求的价值也是多方面的。价值具有客观性。价值虽然不由人的需要来决定,但离开人的需要和如何满足这种需要,就不可能有价值判断。价值虽然不单纯是客观属性的反映,但它是对客体属性的一种评价和应用,离开了客体属性,价值就失去了客观基础和源泉。价值本身正是人的某种需要同满足这种需要的客体属性的特定方面的交融点。价值的基础是实践,只有通过社会实践,人们才能发现客观事物及其属性对自己的实际意义,并自觉地建立起同客观事物之间的现实的价值关系。同时,只有通过社会实践活动,人们才能实际地发现和掌握关于客观事物的属性的使用方式,使客观事物有益于人的那些方面,以为人所需要的形式为人们所占有,亦即使它们的价值得以实现。可见,实践的观点乃是理解各种价值现象的钥匙。价值具有社会历史性。价值是客观的,但它又与人们受一定社会历史条件所制约的需要、利益、兴趣、愿望密切相关。

我们认为,凡是审美对象表现了人类的文明进步、社会发展,表现了生命的生机与自由,都具有美的价值。这是我们审美的基本标准。个体对审美标准把握得越准确,他的审美价值判断能力就越强,这是审美价值判断的质的规定性。同时,这种质的规定性还包括区别审美价值与道德价值、宗教价值、经济价值的不同。审美价值判断的量的规定性是能否判断各种不同对象的审美价值。

审美价值判断的核心是审美理想,审美理想是审美价值判断的标准。审美价值判断不仅影响审美欣赏活动,而且也影响艺术家的创作活动。作为欣赏活动,一般多停留在观照形态的审美感受内,其时代、阶级、民族的审美理想通过审美经验感受呈现出来。而艺术家的职责便是不满足和停留于观照既有的艺术审美经验感受上,他需要在广泛的观察、分析、体验、研究现实的基础上,提炼、集中审美经验,由观照进入制作,主动地为其时代、社会、阶级树立审美理想,以便建立一种审美价值判断的标准,以满足一定时代、民族、阶级的社会斗争的实践需要。主持人也类同于艺术家,他们在现代社会的信息传播中,有责任为社会公众树立起一种健康、文明、高尚的审美价值标准。

二、政治价值标准

由于审美标准涉及真和善的问题,涉及合规律与合目的问题,而社会的合目的性及善恶问题与社会的政治制度、政治统治是直接联系在一起的,这就涉及政治价值判断。主持人作为社会舆论的传播者,必须具备敏锐的政治判断力。如果政治判断有误,其主持的节目不仅有损电视台的政治形象,而且由于在社会政治的正义、公正等问题上出现了倾斜,其节目也不会美,因为它违背了人类的真与善的价值标准。

主持人的政治意识、形势政策意识和国家民族利益意识三者是统一的。

具有这三种意识,表明主持人具备了较高的政治素养,也表明主持人能站在国家和民族利益的高度去审视世界风云变幻,这样的节目必然具有开阔的政治远见和博大的政治气魄,这种节目由于具有这些特征,也就具有了文化和美学品位。如中央电视台的《中国报道》《世界报道》《焦点访谈》《新闻调查》等就属于这类节目,这些栏目的主持人也表现出较高的政治素养。

三、新闻价值标准

对新闻的定义林林总总,对新闻的一般的、公认的定义是:新闻是对新近发生的和正在发生的新闻事实的报道。这是一个目前广泛被接受、被认可的解释。因为这一定义概括地揭示了新闻的基本特征,为新闻做了比较正确的质的规定。新闻必须是"事实"或"事情",而这"事实"或"事情"必须是"新近发生的和正在发生的",而且必须被及时报道出来,即有媒体参与。这比较完整地把新闻的内涵揭示了出来。作为主持人不仅要把握新闻的基本内涵,而且还要把握新闻的社会价值。

新闻价值的传统标准是指历代新闻工作者用以判断什么样的事实能构成新闻,以及衡量什么样的新闻报道胜过另一些新闻报道的尺度。对于新闻工作者来说,判断新闻价值最重要的标准有新闻真实性、新闻影响性、新闻及时性、新闻显要性、新闻异常性、新闻冲突性、新闻接近性这7点。

新闻价值与宣传价值二者是相互联系的,既要尊重新闻规律、重视新闻价值,又要尊重宣传规律、重视宣传价值,努力实现这两个价值的有机统一。新闻价值是宣传价值的前提与基础,没有新闻价值作基础,宣传价值便会出现假、大、空的现象,这样的宣传必然会遭到人们的反对。宣传价值是新闻价值的目的与归宿。新闻价值的目的是为了增强社会舆论对社会的监督、对人们行为的引导,而宣传价值正是为了这一目的而去引导新闻舆论。

主持人把握了新闻价值标准,培养起敏感的、正确的新闻意识,有利于做好主持工作,使自己的主持活动在一种自觉的、理性的指导下进行。同时,具备一定的新闻素养,也是主持人素质的基本要求。

主持人的审美标准并不外在于政治标准和新闻标准,它直接体现在这两种标准之中,而且正是在把握政治标准和新闻标准中才能表现出主持人高尚的、正确的审美标准。

第三节　主持人与观众审美

一、观众的审美心理

在当今世界各国的电视行业中,收视率成为生死攸关的大事。为了追求高收视率,电视节目从内容到时间安排,无处不体现着"尽最大可能,满足最大多数的观众需要,符合最大多数的观众口味"的原则。这样,研究观众的审美心理就显得十分必要。

电视能为人们提供信息,能为人们提供娱乐,按照现代商业社会的观念,享受这些信息与娱乐即是一种消费,而消费,通常是要付出代价的。自古以来,相对昂贵的信息与娱乐价格造成的直接后果,就是把普通大众排斥在信息服务与所谓高雅娱乐之外。在大众传媒出现以前,不论在中国还是西方,也不论在乡村还是城镇,中下层百姓们的消息闭塞,生活枯燥乏味。人们日出而作,日落而息,偶尔为之的打牌赌博及每年仅有的几次节日和几次宗教活动,就是娱乐的全部内容;流言蜚语则是人们的基本信息源泉,因而许多荒诞不经的小道消息能够在广阔的地域里不胫而走,流传几年甚至几十年,是一种常见的现象。

这种状况随着现代大众传播手段的产生和发展才得以改变。人们通常把电报的产生当作现代大众传播的开端,认为电报使人们对"传播"这一个意义含混的词有了一种特殊的认识。但从大众娱乐的角度来看,从根本上改变了公众娱乐生活格局的则是电影和无线电广播。电影带来的不仅仅是一种新的传播技术,而且它很快成为 20 世纪一种重要的又是最流行的艺术形式。通过人们熟悉的叙事方式和相对廉价的大规模复制,电影把过去极少有机会欣赏"正宗"艺术的广大普通群众聚拢在一起,为他们编织出一个个令人陶醉的梦境。电影的诞生标志着一个关键的文化转折点,它巧妙地将技术、商业性娱乐、艺术和景观融为一体,使之与传统文化的精英显得格格不入。与电影差不多同时发展起来的无线电广播事业对于大众文化的影响也许更为深远,它把艺术、娱乐、音乐、教育和新闻统统送进了百姓家中,形成了一股极大的冲击力量。有了电影和广播,数不清的物美价廉的信息服务与娱乐一起涌向大众,人们在起居室和电影院里可以得到各种资讯和娱乐,这对于以前的平民来说完全是不可思议的。

电视的出现则是将电影和无线电广播的全部优点集于一身,并把资讯和娱乐这一过程推向了高潮。电视把各式各样的信息及时、生动地传播给每一个电视观众,大量的电视戏剧、电视综艺、电视专题节目提供了从前难以想象的丰富娱乐,甚至连新闻性节目本身也充满了娱乐性。而且,这一切资讯和娱乐又是在几乎一文不收或绝对廉价的情况下提供的。在现代,电视已经成为社会生活的窗口,整个世界似乎都在摄像机的监视之下:街道、人流、店铺、学校……几乎所有的人、所有的事,无一例外地可以被捕捉、被播映,好像已经再无秘密可言。唯一的漏网之鱼就是看电视的人自己,躺在自己家里的沙发里,又舒适又安全,可以自由自在地选择"窥视"对象,却用不着像古代的窥视者那样冒着被抓获的危险。电视节目的制作者也在有意无意地迎合着观众的窥视癖好。中央电视台的《焦点访谈》时常也用隐蔽摄像技术曝光了许多社会的阴暗面。对于大多数从来不了解这些社会阴暗面的普通人来说,这样的节目内容和镜头中高度写实的画面无疑是充满刺激性的。

二、主持人即为观众审美对象

在主持人与观众的审美关系上,主持人在荧屏上就是观众直接的审美对象。主持人作为观众的审美对象是通过其外在形象(容貌、形体、姿态、服饰)、内在形象(人格修养、智慧、才华、文化底蕴、精神风貌、情感)和语言等具体因素表现出来的。主持人加强以上三方面的修养就显得特别重要。

第一,要具备正确的审美观。所谓审美观是由审美经验积累和归纳而形成的自觉的理性的审美理念。审美观对人的审美行为起着直接的指导作用。审美观与人的世界观和价值观是联系在一起的,一方面,世界观、价值观直接影响和制约审美观,另一方面,审美观也影响着世界观和价值观。正确的审美观会促使人正确地看待自然、社会和人生。审美总是指向人生的超越,指向未来,指向完美、从有限指向无限,而任何挫折总是有限和暂时的,正确的审美观使人变得更坚强、更崇高。正确的审美观也使人能摆脱个人的功利得失,站在一种更高的角度去追求人生价值的实现,它能使人把人生的最大追求和最高境界定位到为人类和社会做贡献上。这就能促使自己在追求事业的过程中克服各种挫折和困难,永不放弃对崇高事业的追求。可见正确的审美观可以使人从更高的层次上去实现自己的人生价值,这种人生价值的实现同时也就是人生最高的美的境界。

正确的审美观与正确的价值观、道德观是联系在一起的,一个不讲道德的人不可能具有正确的审美观。正确的审美观追求的是精神和灵魂的提升,它与人类的文明进步、与人类追求的真与善是统一的。凡是那些有利于或表现了人类真和善的东西,表现了人类社会文明和进步的东西,都是美的。主持人首先要树立正确的审美观,只有自己树立了正确的审美观才能判断什么是真正的美,什么是真正的丑,才能正确去引导观众如何去欣赏美,如何去摈弃丑。

第二,引导高尚情操。主持人作为观众的审美对象除了以自身的形象美、语言美、精神美、智慧美、人格美等直接对观众进行美的陶冶外,还应自觉地、有意识地去引导观众树立正确、健康、高尚的审美情操。所谓情操是由感情和思想综合起来的不易改变的心理状态。审美情操是个体的人格修养和审美爱好有机结合的统一体。人格修养的"善"在审美情操中处于核心地位。主持人的高尚情操不是装出来的,而是自身长期修养的结果,高尚情操的表现也是自然而然的。主持人不仅要以自己的高尚情操去感染观众,而且更重要的是引导观众去追求那种健康、高尚的审美情操。我们认为最主要的是通过主持节目,从节目的内容和形式方面逐渐地培养观众高尚的审美情操。

第三,崇尚科学民主。美与真是联系在一起的,科学就是追求真理。美与人类社会的文明与进步也是联系在一起的,民主就是人类政治进步的表现。可见崇尚科学与民主与人类追求美是内在地联系在一起的。科学作为革命的精神力量的积极作用更为明显,每一次重大科学发现和发展都会引起整个人类世界观和价值观的变化。以哥白尼为代表的近代科学先驱者们反对神学蒙昧主义的斗争,达尔文的进化论使人认识到人类的起源,数字化、信息化引起人类的全球化认识等,都体现了科学对人类世界观和价值观的影响。科学对社会的文化、教育、体育、卫生等各项事业的繁荣和发展也具有重要的推进作用。主持人崇尚科学不仅关涉到自身的知识修养,而且关涉到对事物做出科学的判断,这样才不会在主持节目过程中犯错误。

如今是信息和知识爆炸时代,知识更新加快,许多知识并不是每个人都掌握了的。节目的知识性对主持人提出了更高的要求,主持人不是百科全书式的人物,每种知识并不一定都精通;但是在传播该方面知识时,主持人必须以科学态度对待它,懂就是懂,不懂就必须请教有关方面专家进行咨询或请专家来解答,切不可自己妄作判断,否则不仅误导了观众,也有损自己的形象和电视台的形象。

当前在我国,随着经济改革的不断深入和发展,政治改革也正在展开,民主化进程逐步加快,主持人应顺应这一历史潮流,为提高我国政治民主做出一定的努力。主持人首先应在节目中宣传社会主义政治民主的基本内涵和特征,宣传民主对整个人类社会的进步作用,提高观众的民主意识。主持人在宣传民主时,首先自己应有民主作风,在与观众和嘉宾交谈过程中表现为一种平等的态度。这方面中央电视台的《实话实说》的前主持人崔永元做得比较好,观众看他的节目,就感受到一种民主的气氛,他没有某些主持人那种高高在上,盛气凌人的架势。崔永元的主持风格本身是平民化的、民主化的,这种主持风格应在许多栏目中加以推广。这种平民化、民主化的主持风格就是一种独特的审美风格。

第四节　主持人与节目审美

一、电视节目的内容美和形式美

内容和形式是事物本质联系的两个重要方面。以电视节目来说,内容是构成节目的诸要素的总和,是节目存在的基础,形式是构成节目的诸要素的结构,电视节目的内容是通过一定的节目形式传播的。每次播出,都有若干内容、样式、功能不同的独立的节目构成。电视台既要讲究节目的内容美、又要讲究节目的形式美。主持人在节目中充当着双重角色,他讲述的语言成为节目内容的一部分,而他的主持风格和技巧,又成为节目形式的有机组成部分。

在节目内容和形式的关系上,内容处于决定性地位,内容决定形式。这是因为,构成节目的诸要素的总和——内容是事物的本质,而本质规定自己的形式。如电视新闻节目的内容,是通过真人真事的报道来反映现实生活,因而产生出不允许有任何虚构、夸张和想象的新闻报道形式。不同的新闻内容,又产生出不同的新闻形式,如消息、访问、答记者问、简讯、新闻公报、录像报道、现场报道、现场直播等。新闻节目之所以只能采用新闻形式,而不能采用文艺形式;文艺节目只能采用文艺形式,而不能采用说理形式,就是内容决定形式的缘故。但是,内容和形式的统一不是绝对的,而是相对的。这种相对性表现在两个方面。第一,形式并不是消极地依赖于内容,而是积极地作用于内容。第二,形式有相对的独立性和自身的继承性。一般来说,内容的变化是比较快的,而形式一旦产生出来就具有相对的稳定性。

在处理节目内容和形式的关系上,第一要肯定内容对形式的决定作用,反对形式主义;第二要充分估计到形式的积极作用,善于利用一切可以利用的形式,抛弃已不适应内容的形式,不断改造旧形式,创造新形式,更好地表达节目的内容。

(一)节目的内容美

节目的内容美即节目所包含与反映的主题、题材、人物和事物三部分构成的美。节目内容美有如下特点。第一,具体性。一个节目的内容美与否不是用"思想内容""主题思想"所能全部概括的。它的内容其实就是节目本身。节目的思想内容只有通过节目本身才能表现出来。第二,典型性。节目的人物、情节、环境必须是典型的。这里所说的典型性是指代表性。无论是新闻节目,还是综艺节目,都必须具有代表性。第三,审美性。节目内容美主要体现在审美性方面,节目内容的审美性是指内容成为观众欣赏的作品。观众对内容不仅做出事实判断、道德判断,还做出审美判断。观众从审美角度去看待节目的内容。电视新闻节目的审美性主要是真实性,真实便是一种美。电视新闻最大的特点是写实性,它用视听并举的形式来叙述社会生活。电视新闻的现场报道和现场实况直播就是对新闻事件和新闻人物进行直接描述和访问,以及对事件的发生、发展全过程进行同时空传播的语言图像报道。

节目的内容美还体现在节目的主题美上。任何节目都有一个主题,如中央电视台的《焦点访谈》栏目的每一集都集中地反映一个主题。而且每一主题都是当前社会所关注的焦点问题,因此《焦点访谈》栏目从开办以来,一直赢得了观众的称赞,这与其节目的主题美是联系在一起的。

节目内容美还表现在节目的构思美方面。所谓构思是指作家、艺术家在孕育作品过程中所进行的思维活动。包括选取、提炼题材,酝酿、确定主题,探索最适当的表现形式和结构形式,在叙事作品中还要考虑人物活动与事件进展的布局等。构思得好与不好直接关系到作品的成败。电视节目构思与文学艺术作品构思也有类似之处,题材、主题的选取、提炼及用什么适当的形式和结构去表现这些题材和主题是节目构思的主要工作。

（二）节目形式美

电视节目的形式是多种多样的,主要包括录像报道、现场报道、现场直播、谈话节目、综艺节目、竞技节目等形式。

录像报道实质上是记录式报道,即将事件的有关图像和声音素材先期记录在录像磁带上,然后经过剪辑处理,配以记者、播音员或主持人的说明词,合成可供播出的节目。记录式报道的优点是真实、生动、自然,而且可避免现场的错误,一旦记录下理想的图像和声音,就可以准确无误地重复使用,不会因时间、环境和人物的变化而失去原貌,其中有些素材还将是珍贵的历史资料。如我国领导人或外国元首答记者问的录像报道,不仅具有较高的新闻价值,而且还有很高的历史价值。

现场报道是电视新闻报道节目的重要形式,是记者由"采摄合一"转向"采摄分开",在镜头前进行采访报道的一种形式,也是较富有电视特点的一种报道形式。电视现场报道包括记者现场播报、现场的活动景象、当事人或目击者的口述等素材。总之,现场报道是一种现场感很强的形式,它具有适应性强的特点,很多题材都可以采用,但它又有某种条件的制约而不宜轻易用之。

现场直播是指在现场进行的实况广播,是在事件发生、发展以至结束的同时直接播出的一种电视节目形式。它以在事件现场摄取的图像和声音作为报道的基本素材,记者或主持人只做简要的解说,必要时还可以穿插某些背景性和历史性的图像和音响资料,以补充对事件的说明。由于现场直播的过程与事件发展过程在时间上的同一性,因而为受众提供了一种最快得知国内外"正在发生"的事件的机会,是一种能使受众产生现场感的最有效形式。它不仅在空间方面最大限度地缩短了受众与事件现场的距离,而且在时间方面体现了最近点。

谈话节目可以是新闻、文艺、教育、服务等多方面的内容,但主要是文化及社会生活方面的事情和人物。每一次节目都有一个话题或一到几位人物。一般采用节目主持人串场的方式进行。谈话可以是访谈式,也可以是座谈式。除此,还有一种群体式,即在谈话现场有观众参与。主持人与嘉宾言谈之间,现场观众也可以发问、插话,使整个谈话成为一种群体行为,造成活跃、热烈的交流气氛。谈话节目的美学特征是直观、生动、能表达有一定深度的理性思想。

综艺节目顾名思义就是综合性的文化娱乐节目。其特点如下。

1.题材包罗万象。它集音乐、舞蹈、戏剧、猜谜、问答、笑话、故事、杂技、魔术、朗诵、作画、武术、游戏以及受众参与表演于一身,或诸项皆用,或用其中数项,完全可以根据内容的需要,自由灵活地组合。

2.节目形态多样。综艺节目比一些有固定范围的节目有诸多方便,它为编导和主持人提供了一个创作的广阔舞台。节目可以千变万化、随机应变、即兴组合。

3.节目主持人明星化。综艺节目一般场面较大、气氛活跃、受众面广,因而要求节目主持人最好是明星级主持人:其一,明星主持人可以增加节目的魅力;其二,只有明星主持人才能驾驭这宏大的场面。

4.受众参与表演。在综艺节目的传播过程中,部分受众由欣赏主体的地位,扩展到被欣赏的客体领域。他们既是欣赏者,有的同时还是表演者,即便不是直接参与表演,也是间接参与评判。

综艺节目的美学特征是丰富多彩、自由灵活、娱乐性强、雅俗共赏、热烈欢快。竞技节目是以人的智力和能力比赛为内容的节目形式。这种形式适应人们普遍存在的求知欲望,该节目的美学特征是将知识性、趣味性及娱乐性融为一体,能引导观众深度介入。

二、主持人塑造节目形象

主持人与节目的关系表现在三个方面。

第一,建立起同受众的特定关系,并通过这种关系造成受众方面的一系列期待。主持人要通过各种努力(包括学识和表达等),造成观众对节目的期待。这是主持人得以完成传达节目内容任务的先决条件。观众期待节目,实际上是观众对这位主持人产生了好感和信任,愿意和乐于听信他说的话,或者欣赏他,或者预见他将怎么样,或希望他如何做,这样,便为传达节目内容创造了良好的条件,以至取得最佳的传播效果。如果观众对某位主持人无所谓,甚至反感,那他就难以达到传播节目内容的目标。

第二,组织、串联一次节目的各个部分,或衔接整台、整场播出的各个节目。这是主持人在节目播出过程中的一项具体任务。这件事虽然任何一个主持人都要做、都会做,但要做得出色并不容易。尤其是大型节目的直播,现场的组织工作极其复杂,临场出现的情况千变万化,非敏捷和机灵不能应付。主持人演播的串联词,无论是他人写的,还是自己写的,或是即兴的,都要求其具备记忆力、语言表达能力以及其他有关表现技巧。

第三,深化节目主题,掌握节目节奏。这也是主持人在传播过程中的重要创作活动。节目的主题虽然是原先已确定好了的,但在演播阶段仍然有一个表现得好与坏、深与浅的问题。这如同唱歌或教书,不同水平的歌唱演员,可以对同一首声乐作品起增色或减色作用。同样的教材由不同水平的教师来讲,各有不同的教学效果。优秀主持人并不把自己看成是简单的传声筒,而是根据不同类型的节目或节目的不同内容和风格,在传播知识、介绍知识、解答问题、发表评论的过程中,使节目知识增值、内容扩大、思想深化。主持人掌握节目的节奏,不仅为了使节目在规定的时间长度内进行完毕,而且要使节目进行得有起有伏。节目的节奏起伏会增强节目的美感。人的审美愉快,从审美心理来说,就是审美主体的内在生命和情感的起伏流动节奏,被审美客体诱导、整理而成为有序的时候,便产生了愉快。主持人掌握了节目的节奏感,有利于调动和激发观众的审美情感。

一个主持人首要的一点是必须在屏幕上得到观众的认可和喜爱,才能体现出他在屏幕上的价值和主持的才具。屏幕效果、节目效果是检验主持人的最终尺度。节目形象的好坏,其关键在于主持人是否具备个性魅力。魅力不单是指长相,而是由面貌、举止、风度、风格、才具等诸种因素融合形成的一种特质。

第三章　主持语言表达的个性思考

第一节　主持语言个性展现的基础

一、主持人声音表达的个性

情、声、气和谐是有声语言表达的高级境界。有声语言在表达、交际的过程中,反映、传达着表达者的思想感情,也传递着交际各方关系的信息。有声语言的创作和研究一直重视声音的人文内涵。有声语言的声音,是整体的语音形式,是与意义结合的声音。没有意义的声音,不叫语音。意义包括:词义和语法义,包括字面义和一定的言外之意,还有篇章的意义。有声语言的声音——人的语言,使人脱离动物而成为人,是人的独有,体现人的创造。

有声语言表达必须遵从它自身的规律性,其中包括理解感受必须先于声音的显现,理解感受和用声、表达技巧的关系。有声语言的用声一定是在活的、动态的语言表达和交际之中,是以表情达意为目的,以发声能力为前提,以创作表达的基础为基础的。没有静止、孤立的声音,有声语言的声音总是与具体的表达内容、体裁和"这一个"表达者紧紧相连。每个人声音天赋音质不同,能理解感受到的内容不同,用声音去表现的方式又有所不同,这就为有声语言表达的个性提供了可能。

用声的专业性、科学性,是必要而且重要的。但是,这种科学性的训练一定要以牺牲个性为代价吗? 教学实践的成功结果可以给予否定的回答。用声的训练有时不得不从局部入手,剖析整个语言动态过程中的某个阶段的表现。但它是分解教授,综合运用。这种局部和整体的结合有其必要性。

局部并不意味着静态,以静态的眼光进行声音训练,违背了语言的动态本质。忽视了声音的物理之外的属性,进行唯形式化的"冷声"训练,也必然带来个性源泉的干枯。情、声、气的统一要处理好规整性和多样性的统一。但是,多样性又是播音语言的长期弱点。多年来,由于种种原因,我们缺少对多样性的探求,没有较好地解决规整性与多样性的统一问题。

主持语言表达的个性,存在于时代性的大背景下,个性也没有完全抽象的个性。蔡长虹在她的硕士论文《节目主持人的个性在语言方面的体现》中说道:"个性没有抽象的,都要落实到语言上,主持人的个性体现在与节目中的人和不同层次受众的不断磨合中。"个性的基础在于人。人存在于自然中、社会中,也就是生活中,存在于具体语境下的人和人的关系中。

我们在学习、思考过程中,往往不自觉地就偏离生活,脱离自然了,因此才需要回归,还要不断地回归。回归生活,不是模仿生活中发声和语言表达的具体样态,而是回归生活中语言表达和心理依据的关系,回归符合生活本质的声音样式。高于生活,不是脱离生活,而是更深入生活,是要体验生活的真谛,加深生命的体验,追寻生活的本质。

个性从哪儿来?个性是天生的,从天生禀赋中来,从养成环境中来。个性还是后天动态显现的,是和人的活动紧密联系的,是从生活中来的。因此,要发挥有声语言声音的个性,就要唤醒天赋中的发声能力,并且充而用之,要回归生活、深入生活,切合语境,把握人与人的关系脉搏。有声语言的声音的个性化运用,要在实践中养成,在实际交际中锻炼。

有声语言的声音个性化有赖于不同的表达主体、表达内容、表达对象及环境,这种内在目的和思想情感与声音外形的结合是个性展现的基础。要在实际环境中养成习惯,要不断地回归生活、深入生活。生活实践是有声语言声音个性展现的源泉。

个性展现也是一种能力。有声语言的声音个性展现的制约因素主要有:

(一)对文字语言的感悟力

面对同样的文字语言,面对文字符号本身的意义、符号组织意义以及符号的表达意义,要用自己的脑力理解,用自己的心力感受。由于各自的性格特征的差别,生活体验的不同,思想认知的差异,对稿件的理解、感受各有不同。有视角的差异,也有层次的高低。一般来说,对生活、对自然感悟力高的,有好的语感的人,可能对文字的含义理解感受也会更敏感,更富预感,更精确、细致,更深入。也就是说善解人意,善解自然意,善解社会意。对书面文字的独特感悟,是有稿播音的声音表现出个性的前提。

(二)声音形象的塑造力

1.用声的适应能力

声音训练中会对吐字发声进行一些理论提示和实践指导,例如呼吸、口腔、喉部和共鸣的基本控制。但是,归根结底,声音的训练不是为了找到某一种脱离表达的固定形态,而是为了拓展发声能力,获得声音弹性,从而为表达提供最充分的准备。声音的控制和运用要适应不同的稿件、不同的环境、不同的时空需求,声音的变化包括音高、音色、音强、音长的变化,包括轻重缓疾、抑扬顿挫的变化。

2.用声的及时调解能力

在主持创作过程中,对于行止变化的语言,理解到其中的逻辑脉络,感受到其间的感情线索之后,在具体运用有声语言进行表达时,要表现出其中的辗转变化,必须要有及时的调解力。个性也就体现在调解的时空选择和具体调解方式上。当然,具体方式还是要落实到声音形式上。

3.用声的整体驾驭能力

理解、感受之后,要用声音表达出来。主持中,要边理解感受,边形之于声。既要描摹出具体的情景,表述具体观点,又要胸有成竹,整体的轮廓、脉络、目的了然于心。既要表达出作者的思想情感,又要明确自己的感情、态度。充分发挥有声语言创作主体的主体性,就能充分展现有声语言声音的个性。"主人"的位置,就意味着他能够把握方向,自作主张,心无旁骛,高瞻远瞩,预设轨迹,如鱼得水,自如行进。

为了更好地引导主持创作中的声音的个性展现,教师也应该在教学实践和理论学习中不断地思考。

教学可以认识规律,传播规律,指导实践。播音理论教授的规律是一代代播音从业者在实践中为了解决问题,达到时代对播音的要求而摸索出来的。每次讲解或示范好的播音作品,都是在通过现象,揭示其中的创作规律。主持创作是实践性极强的业务,在学习过程中,如果只是被动接受而缺乏思考领悟,就很容易只重视现象而忽略条件,只是局部地记忆现象,而少去领悟现象与条件的关系。这是亦步亦趋,学到的是不能灵活运用的套套。

这样看似得到了专业锻炼,其实连"会、通、精、化"的"会"的门都没有真正迈进,更无从达到"通、精、化"了。有声语言的个性展现也被压制在形式空壳之下。同时,有了内在的表达依据和动力,还有多样可能的声音形式。如果一种理解只能有一种表达方式,一类感受就一定是同样的声音表现,这样的有声语言表达虽然有了灵魂,却躯干枯槁,缺少生气。

发声训练是为了表情达意服务的,创作基础表达的训练是为了有声语言表达实践,为主持业务服务的。主持学习,最终为的是有声语言的艺术创作,为的是新闻传播事业。局部练习,如语音的校正、呼吸不良习惯的调整等,都需要一步一个脚印地试验、练习,对症下药。

二、声音的固有化问题——播音腔

关于"播音腔",并不是一个新鲜的话题,早在二十几年前(这个时间在查看下,我感觉应该有二十几年了),就已有不少争论。主要是对这个名称内涵的不同理解和使用,以及关于真正存在的问题的一些分析。二十几年过去了,我们依然听到这个问题不时出现在有关播音创作表达及教学结果的一些争论中。问题的持久值得我们深入思考,除了名称的界定之外,更重要的是要分析问题的实质。

播音腔,也是指播音员主持时固有的腔调。有人理解为中性,认为是播音本身应该具有的语言特点;同时也有人理解为贬义,认为是不应该有的腔调,也就各据其理了。

主持是与朗诵、相声、评书、歌唱、戏剧影视台词等一样,都是语言声音艺术花园中的一株生命,有它自己独特的艺术特点和创作规律。对播音主持本身质的规定性的总结,是多年来播音主持实践探索规律追求的结晶。时代感是它的重要特点之一,它本身也需要随时代前行。在寻求发展变化的时候,继承精华,服务于新的时代要求,才能创新。不能把这门语言艺术形式全盘否定了。关于"播音腔"问题,更急需思考的是,人们反对的究竟是什么样的"腔调",实质是什么,解决问题的思路又有哪些。

腔是某种有规律的声音、语气的表现形式。谈语言,总离不开交际的环境。事物的复制、学习,在一定时候、一定范围内需要模式。在生活中,我们看到有这些现象:有舞台戏曲表演经验的演员在影视剧表演中,有的能利用他的表演功底转换表演形式而驾驭自如;有的则举手投足、一颦一笑总摆脱不了舞台戏曲的表演模式。唱戏的唱歌有戏味儿,练美声的说话也有"美声"味儿,都是模式的延续。模式,需要时,用它;不需要时,要变化;不需要时用了,就成为人们反对的"模式"——"腔"。

播音主持创作表达的声音形式包括物理方面的音色、音高、音量、音长等要素,综合表现为物理、心理、精神诸方面因素构架出的具体的表达样式、样态。

播音主持的体裁多种多样,有新闻报道、新闻评论、专题片解说、文学作品朗读、谈话等等。即便是同样的体裁,内容又会各不相同:有描述自然景物的,有讲述百姓故事的,有抒发历史情怀的,有辨析世事公理的……声音表现形式要应不同体裁、具体内容的变化而变化。如果将诗词朗诵的语气、节奏的变化幅度大面积用于讲述式的解说不免夸张做作。同样道理,有的"矫枉过正"的结果是又陷入了另一个"不合适的腔调"。像用貌似日常谈话的腔调来朗诵诗词,那不是"自然"了,而是不自然了;用新闻播报的语气与对象作一般谈话和用"侃大山"的方式来宣读严肃法令法规,一样是样式的时空错位。

在表达内容及体裁了然于心之后,用怎样的声音形式表现出来传递给听众,此时,对听众关系的把握和理解感受稿件同等重要。听众是由个体组成的群体,他们接受时候的心理状态是处于动态变化过程中的。听众,不仅是指实际在听的人,更重要的是目标听众,应该为他们而说。

在不同的声学环境中要有不同的用声方法。如果在演播室中,面对话筒的时候,用的是广场上强控制时候的音量和语气,一定让人感到唐突和生硬;站在舞台上朗诵或报幕的时候,使用的却是"近话筒,小音量"的绵柔之声,也会让人有力不从心的遗憾。有些人在主持表达的时候,口腔、喉部等身体局部有明显不应该紧张的动作,也就必然阻碍了发声吐字的灵活。可以说,发声能力的欠缺,可能是不自觉滑入"不合适腔调"的导火索。

广播电视工作是体现集体智慧的工作,主持创作也离不开相关人员的合作。主持人与撰稿、编导、技术人员,都在共同创作广播电视作品。参与创作的元素不仅仅是语言,还有音乐、音响、画面等等。对于作品的最终完成,主持人以外的编创人员也有他们的责任和贡献。主持人对稿件的理解把握,对受众心理的揣摩,在用声方式上的调整,如果能够和编创人员深入交流,认真切磋,能够为作品的准确性、生动性添色,不合适的腔调的产生也因此多了一层监测网络。合作不是迎合，要按规律办事。自己正确的认识和做法就要坚持，别人的合理意见也要倾听吸纳，最终还要把握合适的分寸。合作也会有不如意的时候。主持人与编创人员之间意见有分歧，可能正是探讨业务的好素材、好时机。良好的创作环境就是一所好的学校，能够充分激发出每个人的潜力，让合作的能量凝聚、化合。

不合适的腔调，有时不仅仅会出现在年轻主持人的身上，有的老主持人也会有不合适的腔调。用了不合适的腔调，大多是将自己或擅长或钟情或能力有限无法改变的表达样式类型用在了与时空要求不相吻合的地方，可能是以往的痕迹太深，有的是过于热爱不愿放弃，更多的是出于应变不足，源于"通悟"不够或实践能力有限。关键是我们要意识到，要改进它。我们可以从认识的提高和能力的增强，以及社会各方共同营造良好环境等方面来寻求问题的解决。

（一）要更新认识

1. 要在交际环境中进行声音、语言的评判

语言原本就是存在于交际中的，思维、自言自语是自己与自己的交际，认知是自己与认识对象的交际，都可看作广义的交际。交际效果又分不同的层次，不同层次是交际到位的程度不同，层次不同也就是交际值不同。媒体语言是连接节目和受众的重要手段，如果忽略了交际目的和对象，陷进所谓"自我创作"状态，追求真空式的审美理想，语言表现一定难以符合当时的时空需求。

合作是交际最基本的原则。平等、真诚、倾听、交流或想象理解感受等都是合作的下位层次的原则。播音员要有与文稿作者或编导、受众合作的意识。想合作好，就要了解合作对方、目的、环境、方式，预计效果，再调整表达方式。

2. 主持理论要发展，要摸着时代的脉搏

时代感是主持艺术的重要特点之一，也是主持理论的大的走向。时代的变化，广播电视节目的变化，受众人群的变化，受众收看收听目的、习惯的变化，是主持理论发展的前奏。发展、创新都不是完全推倒以往，重新再来；而是在新的时空点中，继续实事求是，探寻更接近于"是"的规律性。摸着时代的脉搏非常重要，这个脉搏是社会这个肌体健康运行时候的脉搏，是代表先进方向、发展动向的脉搏。要尊重时代的进步，尊重人类的创新，理论建

设者一定要和一线实践者相互帮携,共同寻求发展。

随着节目样式的丰富,主持人任务的拓宽,这就需要主持人拓展视野,更新思路。曾经播音员最主要的任务是播新闻、通讯和评论,现在远不只这些,即便是播报新闻,也可以有不同的样式样态。包括宣读式、播报式,播说结合的方式以及说新闻的样态。当然,不能是生活中所有的样态都适合在大众传媒中运用。要"生活化",生活是创作的源泉、服务的依据,但生活化不是盲从生活中所有的现象,而是从反映生活本质、代表时代动向的生活现象中汲取营养。

主持表达是一定要落实到具体的可听、可感的声音形式上的,而形式又比内在的思想感情的细微波动好感知,局部的形式把握又比整体的内在运动引领下的整体的形式脉络好操控,因此有些主持人更容易重语言的局部外在的形式,长此以往,是走了"捷径",但终因"急功近利"的浮躁而陷入不合适的腔调不能自拔。大的规律学起来,感到效果慢,因为需要自己在实践中一步一步印证甚至发展,从主持实践中检验发展理论又需要悟性。局部技巧学起来较为简单,如果不善于融会贯通,就只能成为标准的机器。无论是态度问题,还是创作道路问题,不按规律办事,一定事倍功半,一时间以为事半功倍的,也不会走得太远。师生双方要明确的是,训练一些声音、表达样式,最终目的是为了培养和拓展能力。

(二)能力培养是关键

1.语言交际能力是核心能力

语言能力近几年在应用语言学研究中有了分化。最基本的语言能力可分成语言知识能力、语言交际能力和语言创新能力。将语言交际能力从语言能力中分化出来,针对的是过去重视知识能力而忽略交际能力。语言交际能力是最主要的语言能力,因为语言知识能力是为语言交际服务的,是为了提高语言交际能力而学语言知识,并且终究要将知识用于语言交际之中。语言交际能力是不同情况下跟不同人现实的交际中,在趋同与趋新之间把握好度的不断磨合的能力。语言交际能力就是将语感运用到语言交际中,可以说是语感和一般交际能力的融合。

主持理论关于有声语言表达能力的培养原本就是植根于实践,并随着实践的深入而发展的。在创作和训练中,也要不断深入语言传播的实践,体验交际的不同要求,摸索语言表达样式和样态。实际交际中千变万化的语言时空要素,为语言适应时空要求提供了锻炼的平台。人们常说的"应变"能力,就是语言交际能力的一部分。语言交际能力这项最基本的能力,要在模拟交际中,更要在实际交际中进行锻炼。能力培养不是某一种语言样式的唯一化,而是适应不同时空要求的语言样式样态的可变性。

2. 理解感受表达能力是主持创作中语言交际能力的集中体现

主持创作中理解感受的不仅是文字语言的原作者,还有传播对象,以及前面提到的传播时空中的各种关系。一言以蔽之,主持创作中理解感受的是语言,更是对世事人情的通悟。这种通悟,靠天赋,靠积累,也靠及时的感悟、添充,是二者的结合,可以称之为"充而用之"。理解和感受是将语气变化实现在声音形式上表达出来的基础。理解和感受又有所不同:当你只是分析明白了此时的思想情感,理解了还不够,还要在心理动作和肌体运动上有所感受。否则,只能停留在光说不练的"说戏"阶段,表达起来很可能流于形式,腔调不合适。

3. 发声能力的拓展是发挥表达能力的另一基础

发声表达者要对语音、声音敏感。练声是为了使用,练习也最好设想交际环境,不要空练。交际是语言的第一性,不能忘了根本。用声的时候,要创造条件为获得较好的可变化的基础。比如,以偏实的中音为基础,就比高强音和低弱音可能变化的空间大。"根据科学的分析和测试,人在使用低音,尤其是虚弱的低音时,由于声带松弛并留有间隙,耗气量最大。使用高音,尤其是高强音时,由于声带紧张,闭合严密,耗气量只相当于前者的一半。以偏实的中音为基础,不仅节约用气,喉部状态也较松弛,而且音高上,上下均留有余地,便于创作表达时候的变化。要练习的是以偏实的中音为基础的变化能力,不是单一的音色。

(三)社会各方共同营造良好的创作环境

社会各方,包括学校的师生、岗位的领导,还有听众等。我们看到在实际的主持工作中,常常是主持人的日常工作量大,疲于应付。有的领导只顾播出,不顾质量,机制不能激励敬业、积极创作的人员。岗位领导也要认识主持创作的规律,创造条件和环境激发主持人的创作热情,发挥出集体创作,通力合作的能量。

研究主持的时候,作品分析时的时空还原、传授共享的及时交流,还有对声音进行描摹都有一定的难度。理论仍在探寻之中,真正掌握声音形式与时空要求的和谐也并不那么简单,但不可能用自己想当然的语言模式一劳永逸应付诸多交际时空。

三、"字正腔圆"的个性空间

"字正腔圆"是人们在形容播音员主持人规范性发音吐字的时候经常用到的概念,很多说唱艺术对吐字也有这样的要求。字正,主要指的是字音的准确规范。腔圆,主要是指字音在准确基础上于行进当中的圆润流畅的美感。字正腔圆是播音主持吐字的准确、清晰、圆润、集中、流畅的集中体现。

一种声音认为,现在需要的是自然的口语表达,这样更加贴近受众,贴近生活,因此,传统的"字正腔圆"的要求过时了,那样会拉大主持人与受众的距离;另一种声音认为,规范、扎实的吐字基本功是主持人进行语言表达的基础。主持人在传播信息、交流思想、沟通情感的时候,主要依靠语言进行交流,吐字的规范与驾驭的功夫,能够使得语言呈现出规整而富于变化的形态。

之所以一些人对"字正腔圆"有"模式化"的认识,原因可能是概念理解上有偏差,对"字正腔圆"有了误解,也有的因某些人操作不当却以此为榜样而走入误区的。其实,"字正腔圆"在不同的条件下会呈现出不同层次的"字正腔圆"来。

从吐字的工整度来看,朗诵式要比讲解式、谈话式的工整度高。具体分析,就是朗诵式在吐字的时候,字头的力度、字腹的开度和动程的幅度以及声调调值的夸张度都相对比较高,讲解式和谈话式则相对比较低一些。但无论高低,朗诵式有朗诵式的"字正腔圆",谈话式有谈话式的"字正腔圆",讲解式有讲解式的"字正腔圆"。虽然工整度的层级不同,但是只要能够很好地贴合语境,恰当贴切地表达主持人的思想情感,就是受众欢迎的"字正腔圆"。"字正腔圆"因话语样式的不同而呈现出个性化的"字正腔圆"来。

"字正腔圆"不仅因话语样式的不同而不同,也会受时代大环境的影响而略显不同。同是新闻播音,齐越老师的"字正腔圆"、罗京老师的"字正腔圆"和海霞、康辉的"字正腔圆",从工整度的夸张度上看是递减的,是越来越接近于生活口语的,但都是他们所处的时代深受听众认可的"字正腔圆"。主持人的个性特点,是建立在时代特点的大背景中的。每个人都很难超越时代,和时代共进也是件非常幸福的事情。

吐字功夫的"成品状态"应该是吐字的基本习惯比较好,对字的驾驭能力比较强,能够自如变化。而不是像有的人误解的那样,以为字正腔圆的吐字功夫就是将吐字练成某一种形式。比如吐字归音讲究对一个音节要处理成枣核型,这只是对单音节的处理。到了语言表达中,已经不是单音节了。在流畅的语句段落中,就不能要求每个音节都是相同的枣核了。枣核的形状、大小都会呈现出一定的对比变化。重音就比非重音的枣核更加饱满,书面语也比口语的枣核更为饱满,速度慢的时候就比速度快的时候枣核更易工整。还有,朗诵、宣读、播讲和谈话,枣核的工整度在递减。

当今的主持语言整体呈现多样化发展态势,多样化也为个性化提供了展现舞台。多样化,需要研究在这个背景中,现象变化与条件变化之间的关系,而不是简单否定某一种现象。当从单一化走向多样化的过程中,容易否定以往单一的那种形式,而肯定新出现的某种形式,称之为"反弹效应"。好比有讲解谈话式的大型活动的解说出现了,就否定了以往常见的朗诵式解说。其实,这些都是多样性的一种或几种,它们各自占有各自的时空,发挥各自的作用。除此之外,还有更多的样式存在或即将出现。反弹效应,只能从旧的单一走向新的单一。

"字正腔圆"不是某种僵化的模式,而是一种重要的基本功和优质的语言体现。它是规范的要求,同时也可以多层次个性化呈现。要达到运用自如,就得苦于练习,勤于思考,善于运用,发挥语言能力的时候要和语言运用环境紧密结合,实现好语言的社会服务功用。

第二节　主持人语言的个性化表达

一、主持语言中的"以人为本"

主持专业的语言教学内容主要包括培养语言表达中的普通话发音能力、声音使用能力、有稿播读中对稿件的理解感受能力与有声语言表达能力、即兴口语表达中的观察能力、思维能力、反应能力、判断能力和语言的组织表达能力等等各方面的语言使用习惯和运用能力,最终为他们在各类媒体平台上发言打好语言能力基础。

（一）在人与人交际的实际语境中锤炼语言交际能力

语言应人与人的交际需要而产生，又一直成长于人与人的交际之中。关于交际理论，还有一些哲学家的观点也与之有异曲同工之妙。

海德格尔强调语言的对话特性。他认为语言的本质在说，而说所以可能，是因为有听的存在。于是，听是说的前提，说就是对听者说。这就意味着语言的本质是说，而说的本质是听。所以，海德格尔写道："人在他对语言的应答中言说。这种应答就是听。""只有当人对语言做出应答时，他才言说。"这里强调的也是语言存在于交际状态之中。

巴赫金认为，思想的本质在于对话。独白不可能构成思想，孤立的个人意识只会导致思想的退化甚至死亡。他的一个重要结论是："思想只有同他人的思想发生重要的对话关系之后，才能开始自己的生活，亦即才能形成、发展、寻找和更新自己的语言表现形式，衍生新的思想。"巴赫金也强调思想是在表达交流中才有意义。

既然语言存在并发展人与人的交际之中，那么，对于语言的研究和运用，都离不开对人的研究和把握。语言要重视在人与人真实的交际语境中进行交流。

学习语言的目的是为了提高语言能力。由于语言的"交际"本质属性，语言能力的核心也应该是语言交际能力，即身处不同的语境，面对不同的对象，谈及不同的内容，使用不同的语体，都能够达到良好的交际效果的能力。语言交际能力的锤炼，不仅需要对语言的敏感和熟悉，还需要对人、对社会、对生活、对自然的感悟能力。语言交际能力不光是"话说得漂亮"的"嘴到"，还需要"富有个人思想与情感"的"心到"。这些能力都需要在实际的人与人的交际里磨练。

主持人练习语言表达时，常在一个模拟的语境下进行训练，但是一定要尽量避免语境的"缺席"，要珍惜和利用好实际交际语境中的语言磨练。

（二）以社会传播效果来衡量播音主持语言的品质高下

主持人的语言品质的高下，是由全社会的传播效果来做出判断的。主持人通过语言给人们传递信息、表明态度、表达感情，引发人们思考，提供放松娱乐和审美愉悦。他们有责任和义务通过富有思想与个性的语言，引导更加有利于社会和谐发展的认识问题和自我表达的方法，为"增强国家语言实力，提高国民语言能力，构建和谐语言生活"做出贡献。可以把主持人的语言传播效果的目标概括成三个"有利于"：有利于国家通用语言的推广，有利于国民语言能力的提高，有利于和谐语言生活的构建。

在主持语言表达过程中，我们要重视语言的形式——语音、听感，要重视对稿件内容转达的准确、鲜明，要追求作为语言表达主体——"人"的思想方法的辩证、思想性的丰富、情趣的高雅，还要把握传播规律和传播目的，对社会产生良性引导。语言传播也是人与人之间的交际，是否让受众能够听、愿意听、乐于听、听后获得正能量，这个衡量标准是我们教学中"以人为本"思想落实的体现。

二、语音标准和表达流畅兼顾

普通话语音已经有一套相对成熟的理论框架可以依据，比如普通话、元音、辅音、音素、音节、舌面元音的舌位图，辅音的发音部位和发音方法及韵母的四呼等主要概念，声母、韵母、音节结构、语流音变等具体内容。相对来说，把现有的理论知识传授给学习者尚属简单，但要从实践层面上，让学习者能够实现标准发音，却需要理论和实践的结合，需要不断地探索、创新。在普通话的学习过程中，有对单音节发音的矫正和练习，这很正常。但是到了语句中，仍然陷入单音节的发音评价而忽略了整体的语句表达，这就会本末倒置，尤其是主持人，不仅是普通话发音的示范者，更是高品质有声语言的引领者。如果停留在字音准确而表达生涩的层次上，停留在为应试而学习的层次上，那么，对主持人的语言风貌乃至整个社会的语言使用水平都会产生负面影响。

语言是交际工具，学语言为的是在交际中取得更好的交际效果。普通话是中华民族的通用语言。学习普通话是为了学好通用语言，能更大范围、更高质量地与人交流。评价普通话的规范程度和运用能力，也应该放到一定的交际环境中来评价。一涉及实际交际环境，就会有具体的领域、具体的语境、具体的交流对象、具体的语体、具体的表达内容和方式等等。在评价语言规范的时候，要因这些区别对待。应用语言学的规范理论提出规范就是交际到位。

从理论上来说，先有的是人们运用着的活生生的语言，后有的是人们对于这种语言的认识和研究，二者可以相互促进。交际中的语言是研究的源泉，研究的推进又对人们运用语言提供更好的指导。在普通话教学中，单音节及多音节的字词训练是对基本音素和音节的标准的训练。这是教学中不可缺少的一个部分，也是非常重要的环节。这个环节一旦将标准静态化、单一化，那么离我们的训练目标可能就有些距离了。这项训练的目的是为了让人们更好地运用好普通话来进行交际。而在交际过程中，语言的示意表情功能是最突显的功能。

引起语音变化的因素有很多，主要有人、有声语言表达形式和音节间的相互影响。

语言是人类的交际工具，它既是工具，又不同于机械工具，它与人的思维、认知、情感、发音器官的控制等都有着千丝万缕的相关性。语音学习虽然有具体的发音动作和发音标准，但是语言教学终究不能完全依靠一招一式的教授方式，要想将局部分解动作和整体动作和谐起来，要想让发音的整体水平提高，熏陶法是一个值得重视的方法。

三、语言用声能力的唤醒与充实

用语言的声音来表达所思所想，是播音主持专业中的重要内容。语言用声能力，是指人们在理解感受和思考设计了表达内容及表达形式的基础上进行有声语言表达的时候，能够运用相应的声音形式传情达意的能力。声音形式和思维情感表达需要的契合度越高，其语言用声能力就越强；否则能力就越弱。契合度高的表现是声音能够准确、鲜明、生动地表达内心的思想情感，并且运用自如，富有感染力。对用声能力的评价是在内心的思想情感一定、语言组织一定的前提下，看声音形式和它们的匹配程度。如果内心的思想情感本身不够丰富，那么是理解感受能力不够；如果是语言的设计组织不佳，那是语言组织表达能力欠缺。这两种能力虽然不是语言用声能力，但会影响到用声能力的发挥。语言用声能力不是单指一个人静态发出的声音范围的能力，而是指动态的有声语言表达过程中声音运用的能力。语言用声能力既包括对基本声音状态的控制能力，也包括表达过程中用声的调节变化能力。

人这个复杂的肌体是与生俱来的，有精密的大脑和配合默契的新陈代谢的系列器官。人体的这些"仪器"所具有的功能也是与生俱来的，耳朵会听，眼睛能看，喉头可以发出声音，共鸣腔可以放大美化声音，大脑能思考想要表达的内容，大脑还能理解视听……这些都是从一个健全的胚胎里带出来的机制及能力,是遗传基因决定的。

人本身又是不断发展变化的。婴儿三个月左右嗓子里发出声音,逐步是元音和简单的辅音加元音的音节,九到十个月开始能发出较清楚的词语,这都是与生俱来的能力,几乎每个人在这个阶段都是如此。但后来的语言能力有高低之分,就和后天的唤醒和充实有关系。

语言用声能力也是如此。人天生不是什么都不会,像"白板说"所言,也不是天赋能力而后天无能为力,而是先天赋予人发音器官和发声能力,后天唤醒天赋能力,并进一步充实,使它更好地发挥出来,这就是唤醒和充实。

播音主持大都是通过电子设备进行大众传播,所以对发音有准确清晰、圆润集中、朴实自然、富于变化等要求。嗓音条件、吐字器官的构造和发声能力是天生的,但是如何合理使用自己的吐字发声条件,后天有很大的培养空间。与语言发声效果相关联的有用气发声效果、吐字的效果以及整体共鸣的效果,这些效果由气息控制、喉部控制、口腔控制和共鸣控制共同完成。如何把握好喉头声带发声时候的气息和声音的配合,如何控制好口腔的吐字器官,使字音既发得准确,又发得动听,如何综合控制调节共鸣,使音色美化而富于变化,这些都可以通过后天的培养来获得更好的控制调节的能力。

第三节　主持语言问题分析

随着电视节目的群众参与性日益增强,节目形式日益多样以及主持人和嘉宾话语权变化,嘉宾与主持人之间、嘉宾与嘉宾之间、主持人之间的直接话语交锋日益增多,使得节目的可看性日益增强,但随之而来,电视节目中产生的矛盾冲突也日益增多。

一、新闻评论主持人语言的"建设性"问题

（一）新闻评论中"建设性"的内涵剖析

在新闻评论节目中,建设性作用的发挥最终要落实到新闻评论主持人身上,表现在为公众揭开事件真相,找到问题根源所在,提出建设性意见建议,秉持理性的态度和情感等方面。

1.为公众揭开事件真相

《中国青年报》副总编辑刘健曾说过:一事当前,先问真假,再断是非,再说利害。真实是新闻的生命,这几乎是人所共知的道理。但随着时代的发展,各种"假新闻"和"小道消息"也越来越多,再加上"网友曝"模式的出现,更加速了假新闻的流传。不难发现,在某些重大新闻事件发生的时候,往往电视新闻评论主持人急于对事件做出评判,会在事实背景没有了解清楚甚至没有核实新闻事件本身的情况下,逞一时口舌之快做出不恰当的评论或得出草率的结论。虽然新闻评论主持人所评论的新闻事件时效性很强,但如果连真相、连评论对象都不能确定,那就更奢谈评论了。

以《中国高铁:重建信任!》①为例,敢于发现事实真相。从 2011 年 7 月 25 日《中国高铁:重建信任!》这期节目中可以看出,白岩松对"7·23 特别重大铁路交通事故"的评论,首要就是敢于发现事实真相。

必须要坚持说真话。绝不能说你已经说了二十句或者三十句真话,觉得说一句假话也没关系,这一句假话就会把你前面的真话所积累的某种信任全部丧失殆尽。要不停地、不断地、永远说真话,直到大家的信心真正建立起来。

真相就是真相,前面非得加一个真。再过一段时间,我们还要再加一个真真真相,不应该这样。

真相,很多时候并没那么容易获取。正如一个段子所说:世上本有真相,调查的人多了,也就没有了真相。这个极具讽刺意味的段子也说明了目前很多新闻事实真实性的底线一再被突破,这不能不引起新闻工作者的重视。如果连事实、真相都不能保证,谈何公信力、影响力?

2.寻找到问题的根源所在

爱因斯坦说过,提出一个问题往往比解决一个问题更重要,因为解决问题也许仅是数学上或实验上的技能而已,而提出新的问题、新的可能性,从新的角度去看旧问题,却需要创造性的想象力,而且标志着科学的真正进步。由此可见,发现问题没那么简单。尤其是在一些重大的新闻事件,其中的原因盘根错节,如何找到问题的根源至为关键,否则都是隔靴搔痒。

以《中国高铁:重建信任!》②为例,指出问题的根源在于人。事故原因

---

① 中央电视台《新闻 1+1》2011 年 7 月 25 日。
② 中央电视台《新闻 1+1》2011 年 7 月 25 日。

到底是雷击还是人的因素？白岩松从铁道部最先声称"雷击"到后来直接"撤人"这种前后矛盾的做法中，看到了破绽，所以一再提醒和督促他们一定要讲真话。而对于表面上的一些问题和借口，则予以毫不留情的反问：雷击每一年到了这个季节总会有，是不是将来我们的铁路也会像航空一样，每年这样的雷雨季节都要停运呢？

如果我们说的是雷击造成设备故障，我们想反问一句的是，为什么事故的处理，第一件事要做的就是撤掉了上海铁路局的局长、党委书记，还有一个管电的副局长。如果是雷击造成的设备故障的话，为什么要撤人呢？仅仅是为了平民愤吗？还是这是一起责任事故？相信最后的结果也应该是一个责任事故。

在重大新闻事件发生的时候，新闻评论节目主持人冷静、理智显得尤为重要，一方面有助于大家冷静下来，认真分析问题，而不是被情绪裹挟看不到方向甚至失去理智；另一方面要发挥"智囊"的作用，帮助决策层分析、寻找问题的关键或根源所在。只有事故的真正原因找到了，才能从根本上解决问题，否则原因不明，悲剧不可避免地要重演。

3. 提出合理化、建设性的意见和建议

在找到问题的根源所在之后，接下来就要找出相应的解决办法，而不是一味地宣泄个人情绪，或说些空话套话。之所以要提出"合理化、建设性"的意见，是要把问题落实到可以解决的层面上来，这也是出于积极地改良我们所处的社会的美好愿望。新闻评论节目主持人的评论会直接或间接地推动或阻碍事物发展的进程，影响人们的观念。所以，很多时候，新闻评论主持人的言论不仅仅是说给普通公众听，还要说给决策层听，上下形成一种很好的合力，才能其利断金。只有站在客观公正的立场上，才能切实提出合理化、建设性的意见和建议。当然，这需要很大的勇气和超乎常人的智慧。

以《中国高铁:重建信任!》为例，呼吁尊重规律、科学、管理，尊重人。节目没有只发牢骚或讥讽嘲笑，而是在帮助寻找悲剧发生的原因，并提出合理性建议。比如就"速度"而言，《24 小时》评论的关键词之一是"速度"，表面上看没错，可细想一下，如果当时事故中后面那辆高铁列车的速度稍慢一些，是不是可以避免此次事故呢？如果这样的话，列车不知要慢到多少时速才能在看到前方列车时刹车无恙。所以，速度应该不是问题，起码不是最主要问题。把问题找出来，已经成功了一半，若再提出建设性的意见和建议的话,那就更是推动社会进步了。当然这不是每一个新闻评论节目主持人都能做到的,因为它不仅需要有很高的学识,更需要有对客观规律的认识以及对国家发展思路的整体把握,这也对我们新闻评论节目主持人提出了更高的要求。

4. 秉持理性的态度和情感

新闻评论节目主持人应该是一个冷静的介入者,要时刻意识到,自己不仅是社会中一个普通的民众,更多时候是一个积极介入社会,并对社会产生影响的舆论领袖。新闻评论节目主持人首先是人,不可能没有感情,比如当发生地震时,面对那惨烈的大灾难,主持人不可能没有感情地介入。所以,评论并不排斥情感,但需要警惕的是那种不必要的激情和过于亢奋的情绪。①著名评论家李普曼告诉同行们:在自己正确的时候,要克服那种不必要的激情。因为过多地陷入那种激情中,会影响自己的判断,使一个人的思想变得封闭,最后做出偏激和自负的判断。作为电视媒体来讲,其直观性、现场感极强,再加上新闻评论的严肃性,但凡有不合时宜的夸张情感都会极大地冲击人们内心,影响人们对事物的看法和态度。所以,电视新闻评论节目主持人要有理性的态度和情感。

以《中国高铁:重建信任!》为例,表现为分寸得当、表达独特的语言艺术。不是我们的高铁太快了,速度不是问题,而是另一种速度有问题。什么呢? 就是只求效益,只求政绩,一路向前走,但是忽略了以人为本,忽略了规律,忽略了科学,忽略了我们生活中很多乘客的感受,尤其忽略了科学的管理和监督。这样的一种快速度才是真正可怕的,所以还是要给我们的铁路本身的速度正一下名,速度不可怕,但是另一方面的冒进可就太可怕了。

节目末尾时白岩松的这一段话中,出现频率最高的词是"速度""忽略"。以行驶"速度"本身引发人们对另一种监管上的"速度"的关注和重视,通俗易懂又寓意深刻,而"忽略"二字更体现了一种分寸感。因为我国铁路近些年所取得的成就有目共睹,不能因为这次事故而全盘否定,也不能把责任都推到"速度"身上,而是我们在追求政治绩效、经济效益的同时,把管理、监督、以人为本等关乎人本身的东西远远地落在了后面,这才是我们真正要反思的。虽然"忽略"二字似乎感情色彩不浓,但五个连续的排比气势强

---

① 曹林.《时评写作十讲》.上海:复旦大学出版社,2011年11月。

大——"忽略"不是最可怕的,可怕的是都"忽略"了。这既体现出一种分寸感,又直指问题要害。

二、当前电视节目中出现矛盾冲突的原因

(一)认知不同

认知是一个人观察世界、认识世界的过程,认知不同简单来说就是每个人对事物的看法不同。而认知是一个复杂的系统,人的认知是由诸多不同因素构成的,所以导致认知不同的原因也可以分门别类。

1. 文化差异

文化是存在于某一环境中的群体,在一定时期内的思想、理念、行为、风俗、习惯等等,凡是人类创造的财富都可归为文化。不同的文化之间存在差异,这是在人类发展历史中早已被印证的事实。文化之间的差异反映在人际交往之间,如果处理不当往往会引起不必要的误会和矛盾。

在《非你莫属》中,刘俐俐和张绍刚的一场口舌之战。①刘俐俐在新西兰度过了三年高中生活,而高中正是一个人思想形成和成熟的关键时期,从她的经历和现场表现都不难看出,刘俐俐的思想受到西方文化的很大影响。而张绍刚却是一个深受东方文化影响的主持人。社会学家爱德华·霍尔按照"语义依赖对话背景还是对话语言来传达的程度",把文化分为高背景文化和低背景文化两种,在低背景文化中,每个人的经历各不相同,一个人要表达的意思完全通过他的语言来传达,而特定的语句在不同的情况下意思基本上都是一致的,对话者无需了解太多的背景信息,其代表有北美、英国、德国和瑞士等。而在高背景文化中,对话者往往有相同的经历和环境,能心照不宣不言自明,所以对话的语境与背景,尤其是其中一些非语言的微妙的信息,在沟通中起到关键作用,就是所谓的"弦外之音"。代表国家有中国、韩国、日本、阿拉伯国家和希腊等等。在《非你莫属》中,显然刘俐俐是深受低背景文化的影响,怎么想的就怎么说,问什么就答什么。但没想到主持人和老板结合她的生活经历和教育背景,过度解读了她的话,掺入了太多语言本身之外的信息,从而得出她态度"轻蔑"、为人"狂

---

① 《非你莫属》,天津卫视 2012 - 01 - 09 http://v, youku. com/v_ show/id_ XAIzQ40DYwODAO. Html。

浪"的结论。

2. 知识背景不同

在一期《非你莫属》中,求职者郭杰同样与主持人以及企业代表发生了冲突,但是他没有奋起反驳,而是经不住紧锣密鼓的质疑声一度晕倒在现场。关于这期节目的争议很多,而企业代表文颐对郭杰学历的质疑,是导致郭杰晕倒的直接原因,也是整场节目冲突的起源。之后文颐公开道歉,天津卫视也因信息审核不严与不尊重选手而饱受诟病。且不论文颐自身的履历造假问题,在节目中,她因为自身知识的匮乏,对法国教育体系缺乏了解而妄断应聘者的学历,不仅伤害了求职者和有相同经历的观众及网友的感情,同时暴露了自身的虚假履历和诚信缺失,也把《非你莫属》节目和天津卫视推到了舆论的风口浪尖。

3. 价值观不同

价值观是形成认知的一个重要因素,是一个人对周围事物的评判标准,也决定了人的态度和行为。目前受众越来越倾向于也敢于在节目中表达自己的真实想法,而主持人也拥有更多的表达空间和更具个性化,于是在一个更自由宽松的环境中,关于价值观的差异也越来越凸显出来。

在近几年兴起的婚恋节目中,在探讨男女双方对婚恋的想法时,难免牵扯到不少关于价值取向的观点,所以婚恋节目就变成了价值冲突最显著的领域,不仅有前来觅偶的男女嘉宾价值冲突,有时主持人或者情感顾问也会跟现场嘉宾产生冲突。在 2012 年 10 月 7 日《非诚勿扰》节目中,一对男女嘉宾就到底是女性太现实还是男性靠不住引发争论,[①]令人意外的是,此时主持人孟非没有像寻常一样打圆场,而是对女嘉宾的观点表达了自己更加强烈的不满,当时孟非情绪十分激动,完全失去了往日的幽默冷静,指责女嘉宾只对物质有信心,而对男友本身没信心。孟非此举令观众惊讶,事后他也透过自己微博向观众道歉,坚持自己应该表达这个观点,但语气应该再平和一些。

4. 心态不正

凡是参加电视节目的人,不管是嘉宾还是主持人,或是栏目组工作人员,都要保持一个良好的心态,那就是怀着平等、真实、善意和互相尊重的理

① 《非诚勿扰》,江苏卫视 2012 – 10 – 07,http://www.tudou.com/progams/view/rG8ZvTo57Zo/。

念来参加节目。不管私交如何,有何新仇旧恨,在节目录制过程中都应暂且抛开,不能带任何主观情绪。

因主持人心态不正而引发冲突的有在《今晚80后脱口秀》节目中,嘉宾伊能静因主持人王自健嘲笑残疾人,说《中国达人秀》是残联举办的,选手都是断手断脚而愤然离场。伊能静在之后的微博上公开谴责王自健,得到网友支持。

(二)意志分歧

意志是指人自觉能动地确定目标,并以此来调节支配自身行为,实现预定目标的心理过程,意志是人类特有的心理活动,与认知相比,意志更具能动性和自觉性。在某些电视节目中,双方都清楚意识到自己的诉求,也能感觉到与对方诉求的差异,由此产生了荧屏上的矛盾冲突。

《面对面》的一期节目中王志采访易中天的节目常被拿来作案例。王志的主持风格以冷静犀利著称,他自己也曾说过"质疑是我的一种追求",这种风格曾让王志在"非典"时期采访官员与医务工作者时赢得了高度评价与认同,但这种风格却不是放诸四海皆准的。在采访著名学者易中天时,王志还是秉承一贯的质疑原则,引发了一场唇枪舌剑。易中天作为厦门大学的历史学教授,通过《百家讲坛》为全国观众所熟悉,成为电视名人,但说到底他是一个学者,而并非官员、罪犯或是通过炒作走红的明星。在节目中,王志笑称易中天"现在是有钱人了""银行账户里数字的变化,晚上睡得好吗?"易中天回击:"一个教书匠凭自己的劳动挣钱,怎么就撑破了新闻界的眼皮了?"易中天还毫不留情地奚落,上电视不舒适的是"碰上一档无聊的节目,一个蹩脚的主持人,问一堆八卦的问题,答也不是,不答也不是"。[①]在这期节目中,易中天显然对王志这种质疑的态度非常不满,处处反驳他的提问或变相地拒绝回答。作为一档节目来说,关注度提高了,很多人为了看他们打嘴仗而特意去看这期节目,但节目本身双方的沟通无法得以推进,对主持人本身产生了不好的影响。

(三)情感冲突

在节目中,有时并不因为观点或诉求的不同,而是因为在言语交锋中,

---

① 《面对面·麻辣教授易中天》,央视新闻频道,2006 – 08 – 20http://v. ktt6. com/show/SD – NAqBOHkmBBtssGLj47g... lttutl? loc = youce – tuijian。

一方感觉情感上受到伤害因而起了冲突。如一期《非诚勿扰》节目中,对一位哥哥患有重病的女嘉宾,情感顾问乐嘉直言不讳女嘉宾哥哥是她的负担,是她一直找不到合适的对象的根本原因,因此引起了女嘉宾强烈的情绪波动,控诉乐嘉"太不善良了""我看错你了",并自称自己与哥哥感情极好,她找对象的首要条件就是要能接受她哥哥。在主持人孟非和另一个情感顾问黄菡极力安抚之时,乐嘉还在不断激发女嘉宾。最后黄菡一番话至情至理,既为乐嘉打了圆场,又让女嘉宾备感欣慰,最后全场响起掌声,化解了这场矛盾。黄菡:"在这个问题上,真的是误解了乐嘉老师。但是乐嘉的表达和你们俩之间的沟通确实有问题,他其实想说,一个是想加深对你的了解,另外一个是,比这个了解要更高一层,他是希望有的男孩子看到你,你对你的家庭,特别是你对你哥哥的这种责任感,而增加对你的钦佩。"①

(四)心理障碍

以上所述的三种皆是在正常心理状态下出现的矛盾冲突。而电视节目中不排除某些特定嘉宾存在心理障碍,或者主持人在某些特定场合下出现短暂心理障碍的现象。

在2007年春晚零点倒计时前的几分钟,几位主持人串词口误、忘词抢词状况不断,被网友称为"黑色3分钟"。而在主持人朱军后来的书里介绍,当时过度紧张,而且导演之前明确指出无论台上出现什么状况,都由朱军负责,所以一时出现口误。并且当时大家都缺乏危机处理的经验,都出于善意和责任感想补台,但不料反而引起了"互相拆台、抢台"的误会。②可见不论经验多丰富、功力多深厚的主持人,在遇到大场面或者关键时刻时,都不排除出现短暂心理障碍的现象。

---

① 《非诚勿扰》2012 - 03 - 03
② 王明:《朱军曝07年春晚黑色3分钟内情否认主持人互拆台》,黑龙江网络广播电视台2011 - 12 - 16,http://www. hljtv. wm/2011/1216/85836. Shtml。

第四章　主持语言表达的技法

　　语言是人类最重要的交际工具。在电视的传播媒介里,语言从来都是电视节目的重要组成部分。语言的传播形态总体分为两种:书面形态和口语形态。就口语而言,又有"由文字语言转化"和"即兴口语"之分。前者是指在电视节目中有稿件的播音或主持;后者是指在节目中出现意想不到的情况时主持人所作的临场应变的语言反映,以及主持人在节目常态下的即兴发挥。主持人是通过口语表达来传播信息、沟通受众、驾驭节目的。主持人通过口语来介绍、组织、评说、串联节目或者直接采访报道新闻事件和人物。总之,各类节目所传播的信息,主持人所要表述的观点和见解,主持人与受众思想感情的沟通和交流、调动受众的注意力和兴趣,主要是通过语言来进行的。主持人作为沟通节目与受众的中介,语言表现怎样,成为至关重要的因素。电视是现代社会最主要的传播媒介,在语言影响力上具有其他媒介不可替代的作用。广播电视节目主持人在口语方面对大众起着示范、引导、熏陶的作用。主持人的语言修养直接影响到大众的语言素质。而大众语言素质的提高,会促进社会文化的发展和繁荣,因此对于提高主持人的口语表达能力和水准应引起足够的重视。

第一节　主持人语言表达艺术

一、主持人语言表达的基本要求

　　语言是一门科学,它有着自己的基本理论和表达规律,这是每个语言工作者都不能忽视的。主持人通过语言传递信息、传播知识,与受众进行思想情感的交流。为了使这种传播、交流达到准确、方便和高效的目标,主持人的语言要做到规范化、标准化,这是对主持人的基本要求。

目前,随着电视事业的发展,国家要求电视节目播音员、主持人的普通话应达到一级甲等水平。电视播音和节目主持是通过电子传播媒介进行的有声语言创作。从有声语言这一角度考察,它区别于生活语言、戏剧语言、曲艺语言等其他语言,具有明显的自身特点。具体地说,我国电视节目主持人的语言表达,不仅要语言规范,普通话标准,而且要声音圆润,悦耳动听,富有美感,能给受众心理上带来愉悦感。主持人要树立起语言规范、标准的意识,苦练语言基本功,对全社会起积极的示范作用。

推广普通话应视为电视传媒的一项重要职责。普通话水平测试达标,表明被测者只是达到了最基本、最起码的规范性要求。节目主持人的语言规范性,主要是指语音(声、韵、调)、词汇、语法、语流都要符合普通话的要求,遵从普通话的规范。主持人符合标准的口语既要有书面语言的规范准确、逻辑性强、简洁精练、庄重文雅的特点,又要遵从口语通俗易懂、生动、亲切自然、声韵和谐、顺口入耳的要求。推广普通话,已是大势所趋,节目主持人的语言应该起到"表率"的作用。播音员、主持人与受众进行的实际是相互沟通及平等地面对面的交流。因此,播音员、主持人的语言具有明显的对象感、交流感,而不是掷地无声、有去无返的感觉。受众是主持人的朋友,主持人是在和朋友交谈。

口语化是主持人语言表述的第一特点,这就要求主持人必须使用通俗易懂的、规范标准的口语化语言。口语化的主持语言源于生活但高于生活,在播出中朴实亲切,自然流畅,生动上口,通俗易懂。这种说起来顺口、听起来悦耳的语言,能大大缩短主持人与受众之间的距离。电视口语是经过提炼的更高层次的口头语,规范化是它必须遵循的原则,艺术化是它必须追求的目标,因此,它更需要扎实的语言功力。通过分析口语表达的特点以及表达过程,我们会发现电视节目主持人的口语表达是一个系统,它有其自身的规律,即讲究文明与道德,注重质量与品味,强调艺术性与典范性。

二、主持人语言表达的语言特性

电视播音与节目主持语言具有自己的特点。这个特点既要求"以声传情,声情并茂",又要求"声画和谐,形神兼备"。当然,不同类型的节目存在不同程度的口语表达差异。

（一）庄重性

主持人口语表达的庄重性，这是指主持人在使用有声语言表情达意的时候，必须保持端庄、郑重的气质和态度，在语流中充满庄重、可信的意味，"庄重而不呆板，活泼而不轻浮"。不能把庄重性理解为装腔作势、故作深沉、不苟言笑、虚与委蛇。但是，庄重性可以"寓庄于谐"，可以"谈笑风生"。而这，同玩世不恭、插科打诨、哗众取宠是完全不同的。庄重性的表现是"善言"而不"轻言"。

（二）艺术性

节目主持人的口语表达要讲究艺术性，不是灌输和说教，也不是越生活越好，主持人的口语要有发声技巧、语言技巧，应该具有吸引人的魅力，给人以美感。主持人的口语表达艺术，就是用大众都能接受的通俗语言表达深刻的内容。作为这种口头文化的直接表现者，主持人的语言艺术就显得尤为重要。语言的"潮起潮落"造成听觉上的"曲线美"和音律感，这是汉语的本质特征之一，也是人们的语言审美的需要。毫无疑问，主持人的口语表达应当追求语流的丰富变化，达到"曲线美"的要求。

主持人要处理好语气、重音、停连、节奏，使语言有变化、有起伏、有感染力。

语气——由具体的思想感情支配的具体的声音形式。

重音——表达中着重强调的词或词组。

停连——语言的停顿与连接。

节奏——表达者整体思想感情运动状态的外部呈现。

主持人与受众交流的主要手段是"说话"。因此，吕叔湘先生关于"把说话称为一种艺术，一点不过分"的论断，既为解决上述问题提出了办法，更为主持人口语表达的修养指明了方向。这就是，主持人不应把主持节目时的"说话"看作平常事，而应视为一种艺术去执著地追求。只有从"说话"的内容、声音和姿态三方面加强修养，才能不断提高主持人的"说话"艺术水平。

（三）富有表现力和感染力

一个电视节目的基调是由节目的性质、内容等诸多因素构成的。它是节目各部分的思想感情的总和，体现着节目思想感染力的整体。节目主持人贵在运用语言确定节目基调,渲染主题,准确地表现出节目"思想感情的总和"。口语表达中的轻重、停连、强弱、高低等语音手段的运用,是根据语言成分在表达中所能起的不同作用而合理支配的,表达者的思维越积极,语言成分越活跃,语流的动势也越鲜明,波形曲线就越优美。

（四）正确运用情感

节目主持人既要学会通过即兴即景抒发真情实感,表达节目基调,又要善于运用语调变化的情感外部表现手段,使受众感知节目基调和主要精神。主持人的情感是指主持人在主持节目过程中自觉流露出的一种真情实感,它是主持人自身情感经过理智思考而提炼、加工、升华的一种理智情感,一种交流情感。语言的亲切感不仅是一种语言传输心态,而且是一种比较稳定的平等交流心态。这是语言传播的心理基础,我们的目的是创造一种良好的接受心理环境和氛围,使听众、观众敞开心扉,了解语言内容,达到信息共享。节目主持人应该在口语表达技巧方面不断增强交流感和亲切感,做到亲切自然地与受众朋友交谈。

三、主持人语言表达的文化底蕴

个性气质是一个人外在和内涵相融合而体现出来的自然和谐的美感,是内在形象和外在素质的和谐统一,是一切行为的生理和心理基础,也是个性风格形成的内在动力。节目主持人的个性魅力是凝聚在主持人身上的美,不同的主持人有不同的风格和特点,但影响主持人之间个性差异、水平高低的一个重要的因素是他们的知识储备。深厚的文化底蕴是主持人能够形成个人独特气质魅力的根基,没有文化品味的主持人很难形成自己的独特气质,而没有独特气质的主持人是不会具备个性魅力的,自然也就很难受观众的欢迎。主持人的气质风度只有在文化知识光晕的衬托下才会熠熠动人。

主持人是文化传播者,主持人的口语应该是职业的文化语言,是主持人与受众传递信息、传播文化、交流思想的重要手段。这就要求节目主持人的口语表达能体现深厚的文化底蕴,受众在获得信息的同时引起美的想象,得到文化的陶冶。深厚而丰富的文化内涵、高层次的文化品位,是高水平节目主持人口语表达的基本特征。有品位的词语的使用反映了主持人的知识修养和文化品位,知识积累越多,文化内涵就越丰富,语言的品位就越高。主持人的口语表达折射主持人的文化底蕴和魅力。

语言的文化品位还体现在语句的编排上。语言组合的不同与转换、不同修辞方法的运用等都是语句编排的重要手段,决定着语言是否简洁,是否流畅,是否恰当,是否生动有趣,显示着语言的文体色彩以及语言的风格,这些恰恰都是语言文化内涵的重要组成部分。

第二节　主持人的体态语语言与服饰语言

一、主持人体态语语言

(一)优雅的身体姿势语言艺术

身姿是由一个人的修养、教育、性格和人生经历决定的。对于主持人来说,身姿是思想、感情和文化修养的外观。在主持活动中,主持人应在充分了解自己体貌特点的基础上,既依据形式又超越形式,在体现心理过程中形成相应的身姿,这样才能让观众留下鲜明的第一印象。身姿的基本要求是端正、稳健、灵活,体现在主持人的上场、站或坐、移位、下场等方面。一般来讲,主持人的基本身体姿势分为立姿、坐姿和走姿,在演播室中又以坐姿和站姿更为多见。在观众目光的关注之下,主持人应该养成身姿体态优雅的好习惯,站得挺拔,坐得端庄,走得潇洒,举手投足之间尽显不凡的气质,使主持人更具吸引力和号召力。

站姿是人体最基本的姿态,这是所有动作的基础。如今越来越多的现场节目要求主持人采用站姿主持。在空间范围较大的画面中,主持人采访嘉宾,接触观众,主持会场,不但能烘托场面的气氛而且丰富了主持人的交流方式。站立是最能体现人体美的,要有挺拔感,特别要保持腰部直立拔起的感觉,否则身体就会松懈。

步态也叫行姿,即行走姿态。轻盈潇洒地走姿是亭亭立姿的发展变化,是一种动态美。节目主持人迈着轻盈的步态走入演播室,对观众而言无疑更具亲切感和可信度。上场可谓是主持人给观众的亮相动作。心理学的"第一印象"直接作用于观众,从某种程度上讲,奠定了主持人在观众心中的"底线得分"。而下场则是主持人在经历节目内容情感起伏后的一个结束动作,能影响观众对一个主持人的最后定位。主持人在行进中除了要保持立姿的挺拔、端正外,还要注意步履轻捷和移动正直平稳。主持节目时走动的步态会使观众对主持人的性格、素养和性情有一个初步的判断。

坐姿与站姿最大的不同在于双腿没有了体重的负担,身体重心落在臀部,而臀部又有支撑物,所以是一种较为轻松的体态。先来看起座和落座,通常在正式场合讲究"左进左出",就座时应转身背对座位,右脚后移半步,待腿部接触座位边缘后轻轻坐下。起座和落座时的表现常常清楚地呈现出一个人的行为习惯和特定情况下的情绪情感,应该以轻、稳、准为宜,动作应轻巧、从容、有控制,不能猛起猛坐,忙不择座或过于拘谨。端庄秀美的坐姿要求上半身与立姿基本一致,上身保持端正挺直姿态,也需要头部的悬顶感和挺胸、收腹、立腰的身体控制,但控制力度要小一些,腰部不应向前弯,在坐姿中保持腰部的控制是防止身体松懈的关键。

(二)恰当的肢体动作语言艺术

丰富而恰当的肢体动作语言,在这里主要谈的是手势语。手势,又叫手姿,人的双手不仅具有劳动的功能,而且有传情达意的功能。在社会交往中,手势语更能起到直接沟通的作用,它是肢体语言中最丰富最有表现力的。

手势是自然的表达,所以不要做作;手势是语言的辅助,所以不要杂乱;手势是修养的体现,所以不要拘谨;手势可以精心设计,但要追求不经意的效果。手势语的运用,总的来说,应该是自然的、得体的、丰富而适度的,是为有声语言传播服务的。

主持人的手势应该自然、舒展、明确、得体。无论手掌处于静态还是动态,手指不要僵硬地并拢在一起,也不可五指大张,而应放松地靠拢,才显得舒展、自然。很多有经验的节目主持人面对镜头,双手自然分开、下垂或自然地相叠于身前,必要时辅之以单手或双手的动作,稳中有变,显得随意得体、落落大方。手势与表情、身体动作配合才能形成一幅完整的视觉图像。主持人运用手势的目的不外乎加强表达力度、帮助描绘事物性状、表达理解或态度。主持人如需强调某一观点、态度时,会辅之以手部极具顿挫感的动作,用以传递强烈的情感。一些少儿节目主持人为小朋友讲故事时,经常运用手势来形容某些物体的大小、形状。因此有人称手势一半是符号,一半是指图。手势语富有表现力和感染力,运用得好,无疑会增加主持人的魅力。

在主持节目中,手势发挥了很大的作用。恰当得体的手势可以帮助表达,加强语势,活泼交流形式。手势对表达的作用有三个层面,最基本的是帮助清楚地表达,进一步的是增加表达色彩,更高的层面是创造个性。个性化的手势一要独特,二要能让人们舒服地接受。

手掌的姿势分三种:掌心向上、掌心向下和手掌紧握。第一种表示诚实、谦虚和顺从,所以主持人应有意识地使用敞开的手势,这样对塑造美好形象大有裨益,既显得文明有礼,又给人一种坦然和真挚的诚实感;而后两种则带有命令和强制的意味,应注意恰当地使用。有些主持人"搬砖式"或"切瓜式"的动作单调刻板,不但不能丰富其表达方式,反而影响了观众的收看情绪。

通常手势分三个区域,肩以上为上区,肩到腰之间为中区,腰以下为下区。上区的动作多与远大、美好、境界高深的事物有关;中区的动作往往是说明性的动作;下区的动作有的是说明下方的事物,有的是贬斥性的。在说明性动作中,手的动作可以分为拳、掌、指的不同动作。动作路线有向上、向下、左右、直线、斜线、弧线等。动作的方式可以有合拢、分开、摊开、推、收、举、按、转等。这些要素组合起来,会有丰富多彩的手势动作。

自然而得体是手势语使用的原则,主持人应适应不同的节目情景、不同的节目内容、不同的收看对象,灵活运用手势语,使之自然得体。总的来说,好的手势语应该是简单的,自然的,得体的,为有声语言传播有效服务的。

恰当的手势可以帮助表达,加强语势、活泼交流形式,但正如有声语言需要"源于生活而高于生活"一样,主持人的手势也不是照搬自然状态就可以的,也需要根据节目的内容和自身的特点筛选、提炼、设计,才能给节目"添彩"。总之,节目主持人手势语的运用应该是丰富而适度的,成功的手势语运用的确需要学习和贴近自然的设计和提炼。

(三)丰富的面部表情语言艺术

面部表情是人的面部显示出的综合表情,是人们表情达意的无声语言,是人们表达情绪的重要手段。在人际交往中,面部表情可以真实可信地反映人的思想情感和心理活动的变化,犹如一台显示器一样展示人的情感、欲望等一切内心活动。因此,我们不仅听别人说,而且还要观察他的表情,来判断信息的真实含义。例如,一个人表示他很喜欢某人时,眼神中却流露出厌恶的神色,这时,我们宁肯相信面部表情是他的真实态度。

在人际交流中传播者的面部表情对受传者的情绪感染效应是增强沟通效果的重要手段。主持人在镜头前面部的感情流露，就像穿在外面的衣裳，能给人第一印象，是观众接受主持人感情信息的直接途径。面部表情的主要作用是表达感情色彩，在人与人的交流中，面部表情在传情达意方面能起到不同凡响的作用。对于主持人来说，则更要运用好这种比嘴里讲的更可信的"语言"。为了更鲜明地表达自己的感情，电视播音员和主持人应当学会这几种基本情绪的面部表情控制。

二、主持人服饰语言

服饰作为主持人的无声语言，直接参与视觉形象的塑造，传达着主持人的思想、个性、文化修养与艺术品位，帮助主持人与受众进行美的交流。我们要充分认识服饰设计的重要性，学会正确运用服饰语言。无声的服饰语言也是主持人自身文化素质的外化。服装和饰物是传达信息的载体，在特定的传播条件下，具有明确的表情达意功能。

在电视传播中，主持人的服装语言同样具有吸引观众注意的作用。整洁得体的服装和配饰不仅给观众带来了视觉愉悦效果，还强化了主持人具有的视觉冲击力，而且对节目传播的内容也有辅助性作用。服饰是完成形象塑造的有机组成部分，通过服饰可克服或改善自身的某些缺点，进而更好地增强和展示自我形象的魅力。

相较于广播节目，电视节目的主持人对于其综合素养的要求往往更加全面，作为电视媒介形象的最佳代言人，主持人是电视节目的核心和灵魂，除了要赋予观众良好的听觉享受外，更要在视觉感官上塑造良好的形象。服饰形象作为主持人的外部形象，是无声语言的重要组成部分，作为一种有效的传播符号，服饰能够具体的反映出主持人的气质修养、性格特征以及审美品位。这就要求主持人要具备良好的审美素养，在发挥有声语言的传播功能以外，更能够将无声语言的魅力和作用得到充分的体现。从一定意义上说，电视是一种视觉艺术，当人们在看节目时，关注的不只是节目本身，主持人的服饰形象如若恰当得体，使观众在视觉享受上感到愉悦，那么在对主持人有着良好印象的同时，也会进而对其主持的节目产生心理上的认同感和肯定感。因此，电视节目主持人除了像电台主持人那样应具备有声语言表达技巧外，还应了解和掌握用自己的形象来表达思想感情的技巧，而着装在形象造型中无疑起着重要的作用。

主持人的外部形象的塑造需要借助于化妆、服饰、色彩、发型、道具、布景、灯光以及音效等多重视听手段，而服装作为电视主持人外在形象的重要组成部分，它直接参与视觉形象的塑造，是传递信息、交流思想、塑造形象的有力工具。主持人的着装不单只是个人主观上的行为，作为一种无声语言，它是主持人与受众之间进行思想交流、信息传递的重要传播工具，主持人的服饰形象直接体现着其所在的节目、频道甚至是整个电视台的整体形象、传播理念、人文涵养以及审美意识等，因而主持人必须充分重视服饰形象的塑造和服饰语言的合理应用，让其作用和意义能够充分有效的正确发挥。

服饰作为一种无声语言，对主持人的有声语言的信息传播起到了有效辅助作用。服饰语体现着某种传播内容、节目风格、时代思潮等的发展变化，是主持人向观众传达的某种思想意念。作为主持人副语言组成的重要部分，主持人的服饰语中也会透露出很多节目信息，受众可以根据主持人的穿着服饰来判断节目的风格、特色。主持人在运用服饰语的过程中，恰当的贴合节目的内容和风格，能让观众对于节目有一个很好的定位，加深观众对栏目的记忆和信任，提升观众好感度，同时，也能提升主持人自身在受众心中的地位，加强自身的认同感。

第三节　主持人的镜前交流

电视节目主持人作为连接节目与观众之间的桥梁，它缩短了观众与传播者的心理距离。主持人只有了解节目，正确地分析自己，才会与节目相融合。在主持节目时，一方面要演绎节目的创意，另一方而又要调动观众的兴趣。只有通过镜头前的感情交流，才会使电视节目成为一个既具个性又相互补充完善的统一体。主持人的定位，从宏观角度看，应明确主持人在社会中的公众形象，从微观角度看，是指主持人在节目中的具体形象。所谓形象，并不是指主持人的相貌特征，而是指综合意义的整体形象，是一个主持人在具体节目中的思想感情、言谈举止给观众的整体印象。主持人这种大众传媒角色，既要代表特定的政治、经济利益，又要满足观众的需要。

主持人在镜头前的表现是个人的综合素质和人格的体现，它与节目的质量息息相关。

一、主持人的镜前语言风格

主持人的语言风格可以更为突出地体现主持人的个性特点。在日常生活中,人们的语言就呈现出各自不同的特点。言为心声,语言的表达,不仅可以实现交流的目的,表现出个人对主、客观世界的认识,同时,又可以通过不同特色的语言,呈现出自身的个性与风格。

富有逻辑性的语言表述,是以说理见长,一般富有较强的逻辑性,不太强调情感的外露和对于语言的修饰,时常凭借自己的理论底蕴和知识结构,举重若轻、深入浅出地分析事态的发展以及事物的本质。其语言特点呈现出理性化、逻辑化,具有突出的深刻性与严谨性。这类风格的语言经常表现出主持人思想的敏锐与睿智,特别是在充满思想交锋的过程中,可以显现出主持人思维的敏捷与精神的超越。

富有文化感的语言表述,一般以淳朴厚重、气度雍容见长,这类风格的语言常常蕴含着浓郁的书卷气,语气温和、委婉,富有磁性,以对于知识的把握彰显出深厚的底蕴和知识的魅力。在这类语言中,时常不乏对遣词造句的不露痕迹的追求,以及对于词汇的造型和形象化的关注,使语言体现出一定的韵律感和节奏性,呈现出音色之美。而在语言的表述过程之中,又融入象征、拟人、双关、比喻等修辞艺术手法,更能体现主持人的智慧与才华。

富有生活气息的语言表述,可以突出其温馨、娴雅、恬静、可亲的特色。这类语言风格的主持人一般不对语言做过多的修饰,不使人感到智慧与才气的外露,而是在一种平和与自由的气氛中体味到平等对话的愉悦。这类语言,一般呈现出清新淡雅、洒脱清纯、活泼明丽的气息,往往能够使人感受到主持人的亲切和平易,以及对话的自由和交流的畅快。

富有幽默感的语言风格则时常体现出风趣、诙谐的语言特色。这类语言往往最能够反映出主持人的机敏与才智。其语言的主要特点即时常以巧妙的比附、善意的嘲讽、欲扬故抑、旁敲侧击等技巧来赢得受众惬意的欢笑,化解困惑。主持人往往以巧妙、机智的语言,时而将繁琐、复杂、艰涩的问题转化为轻松、有趣的对话,时而把受众从一个沉重和压抑的境地引导到和谐的充满谐趣的氛围。

二、主持人的镜前内在交流

（一）交流欲望

电视节目主持人在镜前所表现的各种状态，都离不开与受众之间感情的交流，即节目主持人镜头前的感情流露。在实际生活中，和交流欲望强的人交谈，会感到交谈很融洽，对方的热情也会感染你，引发你的交流欲望；而和没有交流欲望的人交谈，他的情绪也会影响你，使你感到交谈的乏味。电视节目主持人在面对观众时，其交流欲望会直接影响到观众的情绪状态。具有交流欲望能使你的语言和表情变得诚恳、自然，使人感到你的言行发自内心，不是装扮出来的。

交流欲望与性格有关，外向型性格的人容易与人沟通，愿意与别人交流，更适合于做播音员和节目主持人。内向型性格类型的人似乎不大适宜做播音员和节目主持人。

兴趣可激发交流欲望，在生活中可以碰到这样的情况：一些平时沉默寡言的人，在谈到他们感兴趣的事物时，常会变得两眼放光，口中滔滔不绝，仿佛变成了另一个人。这表明，兴趣可以激发人们的交流欲望。责任心也能激发交流欲望，对从事新闻报道的播音员和节目主持人而言，社会责任心是使其产生交流欲望的重要因素。强烈的社会责任心能使人们为表达自己的看法四处奔走，其交流欲望会变得十分强烈。

交流欲望还可以来自同情心与爱心。这种同情心与爱心表现为对弱者和困难者的同情，以及对周围美好事物的热爱。它要求播音员和节目主持人具有良好的道德情操。

交流欲望还可以来自理想和信念。在某种理想和信念的驱使下，人们为了使自己获得同情和支持，会用语言去说服对方，使其站在自己一边。

交流欲望是播音员和节目主持人做好工作的基本条件。如果内心没有这种欲望，播音和主持会显得言不由衷，表情也不会有发自内心的真诚和自然。

（二）角色意识

"角色"是在表演过程中塑造出来的，因此，提到"角色"就会让人们自然而然地联想到表演。主持人要有角色意识，就意味着主持人要表演。长期以来，电视节目主持人到底要不要表演，在我国一直是一个争论不休的问题。其中，有一部分人持反对态度，他们认为"电视节目主持人不是演员，不需要去表演，表演了就虚假了，就不真实了"。但多数人认为，主持人在录制节目的过程中，恰当地调动身体语言，包括手势、姿态、神色以及适当的有声语言，包括声调、节奏等手段，对所要传播的信息进行讲解、评说、描述，使之更加明确、生动、形象，以达到更好的传播效果，这其中包含有表演的成分。播音员与主持的业务基本功包括一定的表演能力，因此，电视节目主持人应具备良好的角色意识。

（三）"潜台词"与内心独白

潜台词与内心独白即内在语与内心活动。所谓"潜台词"就是深藏在台词之中的真正含意。这种含意没有直接说出来，而是通过台词流露、表达出来的。潜台词表现出说话者的真正意图、真正动机。往往一句话的潜台词与台词的表面字义是完全相反的，如："你真行啊！"这句话的直接意思是称赞，夸奖你能干、聪明、有办法、事情办得好等，但是也可以赋予它含意完全相反的潜台词，说你愚蠢、无能、干出这样差劲的事情、把事全办糟了等，此时其真正的动机是嘲讽、讥笑、责备、斥责。说话的动机和意图不同，其潜台词也就不同。深入发掘潜台词并把它清楚地传达给观众，这就是主持人创作中要完成的任务。

"内心独白"是指没有台词时人物的内心思想活动。要像生活里一样，对眼前发生的事情有相应的内心感受和内心活动。而主持人内心的空虚势必造成表演的虚假、做作。生活里人们的内心活动是随着事情的发生、发展自然产生的。你同别人谈话，在听对方说话的时候，对方说些什么自然会引起你内心的反应和某种想法；你写文章就要思考文章的内容，想出恰当的词句；碰到要解决的难题，就会认真考虑解决问题的方法和措施。在录制节目的过程中，主持人所说的话是早已熟悉了的，这就不能像生活里那样给你以真实的、实在的刺激。因此，主持人在准备时，就要根据节目的要求，研究当中的情节、事件、台词、人物关系和人物所处的规定情境，找到人们此时此刻所应具有的内心感受和内心思想活动，而且要很具体、很鲜明地确定下来，一般把这称作"组织内心独白"。

实际上我们细细体会一下，生活里人的思想活动是很具体、很丰富的，但并不像说话那样在心里一句一句地念着，而是涌现出某种想法或闪过某个念头。人的意识、判断、反应过程是十分迅速的。即使听对方讲话时，也是在内心引起某种想法、某种思想,或者就是某种情绪、某些形象的再现,而不随着对方讲话的内容产生一句句有头有尾、整齐的"内心独白"。根据生活里的实际状况和实践的检验,我们认为将这些"内心独白"称作"内心活动"更确切些。

三、主持人的镜前外在表现

电视以图像和声音作为信息载体。电视播音员和主持人不仅用语言传情达意,许多时候,电视主持人还直接面对观众讲话。电视观众对电视节目主持人的态度建立在语言和形象的共同基础之上,两者的完美统一才能造就受观众欢迎的电视节目主持人。因此,每一位主持人都要注意自己的形象,不仅是静止的外表,还包括表情、动作等细节。同时,主持人的每一个动作的细节,也都在传递着一种信息,也可以视作感情的流露。

(一)主持人的面部表情是表达感情色彩的重要手段

通过面部表情表达感受和态度,这是人们表达情绪的重要手段。我们不仅听别人说,而且还要观察他的表情来判断信息的真实含义。有时,面部表情所揭示的内容可以否定语言的意义。面部表情对于主持人在镜头前的感情流露就像是穿在外面的衣裳,给人的是第一印象,是观众接受主持人感情信息的直接途径。

1. 主持人真诚的微笑可以赢得观众的信任感与亲近感

"微笑"是人内心喜悦的一种表现形式,主持人的笑一般都是微笑而不是大笑。主持人真诚的微笑可以赢得观众的信任感与亲近感。主持人的"笑"不但要自然,而且要受到节目内容和风格的限制。最好问问别人,特别是问熟悉自己的人,自己在节目中是笑得多了,还是笑得少了,笑得如何,然后再对自己的笑作有意识的调整。抿嘴而笑,是女主持人尤其应该学会和掌握的技巧。多数情况下是节目内容需要主持人以微笑来配合,使说话、笑容和表意、传情融为一体。

2. 亲切、关注的目光语是获得良好交流效果的关键

"眼睛是人类心灵的窗户"。主持人的目光语在镜头前,把主持人的真实心理袒露无遗。所以主持人必须使自己的目光语含义更加丰富细腻,善于传情达意;亲切、关注的目光语是收到良好交流效果的关键。无论是面对实在的交流对象还是镜头,主持人都要以目光的静态和动态发出眼语,丰富

有声语言的表现力和感染力,同时还要注意捕捉观众的眼语,能够灵敏而准确地把握他们的反应,以促进传播和交流更好地进行。

3. 主持人的表情和眼神要生动,要具有独特的魅力

每个人的相貌不同,就决定了每个主持人的表情和眼神会有所不同。表情和眼神是内心世界的显现,也在一定程度上修饰着人的内心。每一位主持人都要争取使自己的表情和眼神生动,具有独特的魅力。

表情有雅俗之分。这既与一个人的知识能力和审美情趣有关,也和幼年时期形成的表情方式有关。同样的一段讲述,有人会表情木然,有人可能表现得神秘新奇,有人会是睿智的幽默……出现在公众面前的主持人应该要有良好的表情方式,抛弃不恰当的不美的表情方式,逐渐形成自己特有的风格。

眼睛是心灵的窗口,主持人的眼神流露出来的是他真实的内心世界。在伴随语言向观众传情达意的时候,眼神不仅因不同的内心世界而有所不同,也会因各自的修养不同而有区别。

正如知识可以学习,能力可以训练,表情和眼神也是可以通过练习来改善的。要研究他人的表情和眼神,对镜子练习自己的表情和眼神,调整改进每一细微之处,使之习惯成自然,更充分更丰富多彩地表现自己的美好内心。

(二)主持人的身体姿势和动作具有传情达意和辅助语言的作用

对电视主持人来说,身体姿势和动作具有传情达意和对语言的辅助作用。透过电视主持人姿势和动作的表现,受众可以察觉到其情绪变化、性格特点及文化素养。

姿势是指身体在空间中的存在样式。姿势可以分成三类:立姿、坐姿和走姿。依据节目的不同性质,通常主持人的姿势为立姿和坐姿,在演播室中这两种姿势中又以坐姿更为多见。立姿常用于现场主持,画面多用空间范围较大,能烘托场面气氛的中、全景。姿势是一种相对静止的形态,动作则是活动的形态,我们可以将动作看成姿势的连续变化。

动作可以表达出比姿势更丰富的含义,我们用手势和身体动作表达感情色彩。这些感情色彩有时与语言一致,有时可能并不一致。表达感情最常用的方式是手势,用不同的方式挥动手臂,可以表达出轻松、高兴、坚决、愤怒、无可奈何等各种感情色彩。身体动作、表情与手势配合,形成一幅完

整的视觉图像。

除了手势,走动的姿势和步态也有明显的表情作用。主持节目时走动的方式会使观众对主持人的性格、素养和性情有一个初步的判断。步伐轻快表明心情舒畅,步伐匆忙表明心情烦躁。步履所传达的感情信息超出一般人的想象。当我们在节目中需要走动时,要考虑用什么样的步伐更合适。

体态举止各有各的习惯。要经过细心研究琢磨,创造自己习惯的举止动作。主持人要坐有坐相,站有站相,还要有良好的行走体态。对于电视节目的主持人来说,大量使用的是手势动作,每位主持人都要认真设计和训练自己的手势和动作。都要有自己独到的手势动作体系,建立自己的个性仓库。在说话的过程中,个人"仓库"里的手势要自然而然地随着语言而动作,千万不要为某句话设计动作,那样多数都会失败。

(三)主持人的感情要真实,发自内心和真挚

播音员和节目主持人不是演员,他们的任务不是塑造各种不同人物,但这并不否定播音员和节目主持人可借助表演手段去增进自己的表达能力。适度的模仿和夸张,只要不过分,不要让人看出表演的痕迹,都是可以使用的。从屏幕效果看,单纯生活化的语言和动作表情有时难以达到理想的表达效果。当然,一切的出发点都是播音员、主持人的感情要真实,是发自内心和真挚的。

人们对播音主持是否存在系统理论,历来有不同看法。我们认为,播音和主持必须遵循某些原则,而这众多的原则也可以归纳成为一个原则,那就是"要有感情交流"。心中有观众,你就能看到观众。拿出你的真心去对待你的每一个观众,相信,一定会成功到达理想的彼岸。

第五章 主持人语言表达的创作

第一节 主持人语言表达的创作感知

一、关于对象感再认识

对象感,是播音员、主持人在播音主持创作实践中流露出的一种创作状态,并通过其语流、语感作用于受众的听觉后在内心产生的一种反应。对象感一词经常被播音与主持界内人士挂在嘴边。

每当提及"对象感",大家似乎都很明白词中意思所指,目的所在。然而,当我们深入探究这一表达含义的内在本质以及其外部定义的时候会发现,我们大多是从感觉上对这一提法的"理解"而得出的一种解释,至今没有准确的定义。

翻阅很多专业书籍,对于"对象感"一词基本停留于解释状态:播音时或播音前,"要设想到观众的存在","可以想象你的观众、朋友就在你的面前",甚至于"把摄像机假设成你的观众"等等,各种各样的说法;中国传媒大学出版的《中国播音学》一书中的一段论述,更加综合了这些解释:"播音员就主体自我感觉而言,要想时时处处感觉到受众的存在和反应,就得展开想象,播者与受众之间思想感情的给予和接收是在想象中进行的。听众(受众)对传的内容的反映:哪些地方明白了? 哪些地方不大明白? 哪会儿很有兴趣地听,受众听到什么地方会流露出喜悦,怎样与播者的思绪同起伏……只有当传播者真的从自我感觉上时时处处感觉到受众的存在和反应才能与之产生语气、情绪、情感上的交流与呼应,才能使自己的播音起承转合很丰富、很活跃,有根有据,才能'交流'起来。如果你在传播的时候脑中没有展开想象,没有感受到受众的存在、反应,那么你的播音尽管表面上'热情积极',但应为没有具体的对象,就变得像是对空播讲或是自言自语,从听觉上感觉不到你是在给人讲……" ①

对象感,作为中国播音学理论中的专有名词,通俗的解释其意思就是:要使每一位听众或观众感到创作者的语言是说给他(她)听的。对象感一词,大多是特指播音员或主持人在演播室、录音间不直接与受众产生交流、互动,而独自完成节目录制过程中所表现出的语言形态。这种语言的表现形态,用"对象感"这个词说出来,似乎谁都明白其含义所指。然而,对于播音员及非受众参与的节目主持人而言,却是其播音主持艺术语言创作过程中的一个组成部分,是其创作状态的一种体现。这种创作状态,应该是主动地产生于创作的主体,而不是作用于受众的客体而后发生。也就是说,就对象感本身而言,应该是主持人在创作时的一种自我感受,这种感受既不是设想和感受观众的存在,也不是去感受观众的反应,因为在主持人的播音创作及主持人主持非受众参与节目的过程中,根本不存在与观众或听众"产生语气、情绪、情感上的交流与呼应",而是其创作过程中内部整体感受随作品内容而推进的一种感受运动状态。

当我们对"对象感"一词的探讨不断地深入之后,一个有意思的现象产生了。对象感的定义中,包含了主持人、受众客体二者之间关系的三个方面的表现形态:一个是主持人与受众客体之间关系的表现形态;一个是主持人主体自身创作中表现出的两个方面的表现形态。

首先,是主持人与受众客体——观众、听众之间的关系。在这一关系中体现出的是播音员语言表达时的语流、语感作用到受众的听觉后由心理而产生的一种感觉状态。从受众心理学及大众传播的角度来说,尽管传播的主体所面对的受众对象"数以万计",但是我们从受众的客体心理来分析,在接受传播者的语言时,每一位受众客体通过听觉作用到心理后都会有一种"是在说给我听"的心理感受。

其次,从播音员创作主体来说又包含了其内部创作的整体感受运动及外部语言表达的两种运动形态。

从内部创作的整体感受运动状态来看,主持人在演播室创作表达开口

---

① 张颂,中国播音学,北京广播学院出版社,2003。

前,要唤起并激发出经过内部创作整体过程中,所获得并记忆下的那种"整体感受"。这一状态是播音员由内部创作转向外部创作的一种"临界状态"。在这一临界点,主持人通过文字牵引,开始唤醒其在内部创作时所记忆的那份整体感受,并依照文章作品叙事的开始、发展、推进,在整体感受的依托下开始进行语言创作的"前过程"。这时,创作者的心理状态是处于"唤起那份记忆的整体感受,并重新感受着那份记忆下的整体感受"之中,是一种"再感受"的开始状态。因此这一状态属于内部创作部分,通过这一再感受的"临界状态",使主持人全身心地进入到语言表达的创作之中。

从外部语言表达的运动形态来分析,主持语言所呈现的是一种线性运动的形态。声音在物理学中的传播方式,是借助空气的作用呈现出放射状弥散运动的形态。然而,从受众心理学及大众传播的角度来说,广播电视语言所呈现出的却是一种线性运动的形态。因此,主持人在创作过程中,语流、语感的运动方向就会显得极为重要:是自言自语萦绕自我,还是大声咆哮直冲云霄;又或者是喃喃细语直沁心扉,又或是语重心长谆谆教诲……所有这些,都是通过语言线性运动的方向而产生并作用于受众客体的听觉效果。这一现象反映出了语言的运动趋向,因而我们将这一语言的表现形态,称之为语言的"趋向性"。而这一语言的"趋向性"体现于播音员外部语言表达的过程中,属于艺术语言及播音主持语言的外部创作部分。

二、荧幕形象初探

(一)自我中的"非我"

荧屏形象对于主持人来说,是"非我"的形象。之所以将它看作"非我"的形象,主要是由于论述的方便。另外,在某种程度上,荧屏形象已经从心理到客观上和主持人本身产生分离。当然,"非我"是建立在自我之上的,分离只是相对而言。

正如演员在舞台上演戏是以一种双重身份出现一样,主持人在实际播音、主持时,这种分离主要表现在心理控制上。在内心,他不断地以"本我"监察着荧屏中出现的"非我",使自己的言语、神态、举止符合电视节目播出所要求的荧屏形象。多次重复之后,播音员对自己已有的心理过程及外部动作,如对新闻语言的句式、语气、节奏等的把握,会很熟练,以致达到了下意识的状态。

从另一个角度来看,"非我"的荧屏形象,已不仅仅是主持人本人的再创造,而是集中了整个编辑部、栏目策划组以及全体节目制作人员的集体劳动。在观众的眼睛里,他不仅是某个电视台的"门面",还在相当程度上体现着党和政府的态度、立场,体现着国家民族的尊严、气度。从这一意义上讲,不仅"非我"的荧屏形象分离于自我,而且对它的要求,也远远高于自我。

(二)"非我"中的自我

主持人内在气质与外部表情能否和谐统一,是荧屏形象成败的关键。荧屏形象上主持人的表情是由主持人自我的内在气质决定的,而这内在气质,又是通过外部表情来体现的。正因为每个人内在气质的差异,才表现出有的深沉稳重,有的文雅大方,有的热情活泼,有的机敏聪慧。不同的主持风格也在与其相对应的内在气质的基础上形成,这种外部与内部的和谐统一,亦就是要找到"非我"中的自我。它给观众的第一印象就是真实,有了真实才有进一步的一切,如亲切感、信任感等。

以真诚的态度对待观众,根据自我的特点,从自己的内心出发,真实而质朴地出现在观众面前,才能为观众承认、接受,这样的荧屏形象才会成功。

假如不是根据自己的特点,脱离自我的内在气质,单纯从外表去追求荧屏上的一种"美"感,自我陶醉于其中,其荧屏形象必然是装模作样、矫揉造作的形象。实际上,这种主观上的片面强求,并不能改变或掩饰其原本的内在气质,只能是自觉不自觉地在观众面前通过"非我"来表现自我。这在某种意义上来说是对观众的一种愚弄和欺骗。主持人自我内在气质如何,观众会从荧屏形象——"非我"中察觉,不管主持人主观上如何打算,他的内心世界是无法掩饰的。只要他一张口说话,其内在气质和修养水平如何,观众便可一望而知其大略。观众心中容不得半点虚假,就像眼里容不得沙子一样。内在与外在不统一的荧屏形象,得不到观众的承认,甚至会遭到观众的厌弃。这样的荧屏形象无疑是失败的。

要想使自己的荧屏形象进一步完善,必须加强自我内在气质的培养。这就对主持人提出了更高的要求,诸如要掌握广博的知识,加强自身的修养,谙熟语言表达及节目主持技巧,有强烈的工作责任心,等等。然而,待人以诚则是这一切的基点。在此基点上,主持人努力提高自身修养,丰富情感积累,不断加强基本功训练,是提高荧屏形象水平的正确方向。

第二节　主持人语言表达的创作原则

一、实现讯息共享的传播目标

传播学是20世纪中叶出现的一门新兴边缘学科,它与新闻学、社会学、心理学、文化人类学、信息论、系统论、控制论等许多学科都有着千丝万缕的联系,彼此渗透,相互影响。它研究人类社会的一切传播现象,特别是现代电子媒介——广播电视更是它重点研究的对象。不仅分析它的"渠道特性",也研究传播者和信息内容。

(一)有稿播报式的大众传播

有稿播报实际上就是代表组织、团体或权威人士转述文论或言论,也适合对文学艺术作品的朗读。它曾经是广播电视中一种主要的语言表达形式,是在"三级审稿播出管理体制"以及"录播机制"下派生出的一种制播手段。它所依托的是一种朗读语言艺术或者说是"有稿播音"方法,它也是当前播音学的主要研究对象。只要广播电视还需要发挥"转述"作用,这种语言形式在当下和将来都会长期存在,仍然具有较高的使用价值。

(二)人际交流式的大众传播

人际传播是个人与个人之间的交流活动,它是社会生活中最直观、最常见、最丰富的传播现象。彼此交谈、书信往来、电话联系、电子邮件等等,都属于人际交流与传播的范畴。人际传播的内容十分丰富,既包括关于环境变化的实用信息交流,也可以彼此交换各自的一些看法和意见,并满足个人的社会性心理需求,沟通人与人之间的感情等。虽然形式多样,但大致可以分为两种,一种是借助某种有形的物质媒介的传播;另一种是面对面的传播。可以说,这两种人际交流传播形式在广播电视主持人节目中都得到了广泛的运用。这里需要说明的是,人际交流一般是在人们的"私密空间"进行的,但是一旦进入到了大众媒介,它就自动失去了"个人的隐私",变成了完全公开的内容。

人际传播现象已经在我们的主持人节目中大量出现。人们还在努力创造条件,更多地去表现这些人际交往的生动情景。具体地说,就是利用大众传播媒介达到普遍渗透、广泛知晓,利用人际传播手段实现循循善诱,深入人心。在使用大众传媒的时候要考虑到它的交流性、有效性,在进行人际交流时要兼顾它的社会性、广泛性。大众传播与人际传播的结合,实际上也是间接控制与直接控制的结合,也只有这样才能使它们取长补短、相得益彰,从而保证主持人节目的健康发展。

(三)群体互动式的大众传播

日本社会学家岩原勉认为,所谓群体,指的是"具有特定的共同目标和共同归属感、存在着互动关系的复数个人的集合体"。这个定义中,"群体"不仅包括家庭、朋友、街坊邻居、娱乐伙伴等初级群体,也涵盖了具有共同属性的间接社会集合体,如性别、年龄、阶层、界别等等。所以群体有两个本质特征:一是目标取向有共同性;二是具有以"我们"意识为代表的主题共同性。这两个特征意味着任何一个群体都具有互动机制和使共同性得到保障的机制,群体与成员、成员与成员间的传播互动机制就叫做"群体传播"。信息的流量主要是指共同兴趣的面有多宽。一般来说,信息的流量大,群体成员间互动和交流频度就高,群体内容易达成共识。另一方面,信息的流向是单向的还是双向的,传播者是特定的少数人还是一般成员都拥有传播的机会等等,对群体意识的形成也是至关重要的。双向性强意味着群体传播中民主讨论成分多、信息共享程度高,在这个基础上更容易形成群体的凝聚力。

大众传播与群体传播的有效结合,将会起到相兼互补的作用,其效果和影响都明显优于单一的传播形式。但是也要注意克服这样两种倾向:一是偏重于大众传播,却忽略了群体传播。只考虑了面向大众,却疏远了群体成员。结果群体内的关系十分松散,当然也就很难形成外涉的影响力。这说明,主持人在这里仅仅起到了串联节目的作用,却忘记了自己更是两类传播活动的操持者。这样往往就会造成"台上台下"的"间离效果"。二是偏重于群体传播,却忽略了大众传播。

(四)复合交流式的大众传播

近些年,电视媒体中出现了许多新的传播形式,广播也在千方百计地运用自己的特点发展了一些新颖的节目形式。传播形式越丰富越多样化,就越需要增强主持人的控制与协调能力。不具备这样的能力,就无法驾驭纷繁复杂的传播活动,有可能会出现失控情况。譬如:人际交流中出现不当的话语、偏激的言辞,主持人不知所措;群体互动失去分寸,导致哄场、冷场等;面向大众,却语焉不详、举止失措,缺乏大家风范,等等。在这样的传播条件下,需要主持人能充分调动现场气氛、统摄人心,使得高山流水,妙趣天成。同时,他又能够广泛运用各种材料,引人入胜、发人深省。

每一类传播方式都会优劣并存。当三种传播形式相融合的时候,主持人应努力去扬长避短,恰当取舍。把人际传播的情感效应、群体传播的从众效应和大众传播的权威效应充分地调动起来,剔除人际传播中的随意性、群体传播的排他性和大众传播的刻板性。只有这样才能充分发挥主持人节目的优势,取得最佳的社会传播效果。

二、遵循广播电视的传播规律

(一)注重实效、先声夺人

广播电视用于对"新近发生事实的报道"具有得天独厚的优势。广播电视工作者的时效观与报纸不一样,它不仅反映"昨天、今天、刚才"发生的事件,它更注重追求现在正在发生的事实的报道。因为电子媒介为它提供了这种即时报道的便利。广播电视的电波传送速度是每秒30万公里,在电波覆盖范围内,只要有接收工具(电视、电脑、收音机)就可以接收信息。它不需要检字、排版、印刷、发行等诸多工作环节,可以在此时此刻对此事进行现场报道。在广播电视史中人们对这样几件历史事实留有深刻印象:1981年3月30日下午2点25分美国总统里根走出希尔顿饭店后遇刺,2点30分,美国广播公司(ABC)就播出了记者莱姆·唐纳森发来的报道,2分钟以后,哥伦比亚广播公司(CBS)播出了自己的记者莱姆·塔克发回的同一消息;1986年1月29日北京时间零时许,美国"挑战者"号航天飞机意外失事,在收到英、美电视新闻社通过卫星传来的实况录像以后,中央电视台抢在上午9点20分的《简明新闻》里,以头条位置播出了这一惊人的消息;1997年6月30日至7月1日,世界上很多人都在关注着一个历史性的时刻——香港回归祖国,中央电视台向世界各国成功地转播了这一盛况。大家对2001年在美国发生的"9·11"恐怖袭击事件仍记忆犹新。美国几家电视台都在最短时间内播出了被劫持飞机撞击世贸中心大楼的全过程。在以后的接续报道中,美国的FOX、CNN等电视台播放了逃难者从高达110层的高楼上逃生的镜头和大楼轰然倒塌的全过程。这种恐怖场面震撼了世界爱好和平人们的心灵,导致人们对恐怖主义的一致声讨。这样的例子可以说是不胜枚举,广播电视的高时效不仅是它独有的优势,也是它的客观规律。利用这种优势,遵循这一规律,一直是广播电视的努力方向。

(二)真实生动,感染力强

通过文字阅读,激发想象得到的感受,与直观印象得到的感受是很不相同的。从人的心理感知过程来说:文字首先诉诸于理性,而形象却直接作用于人的情感。传播学家们从 20 世纪 30 年代起就对诉诸情感与诉诸理性的传播效果进行了研究,他们得到的结论是:"富有情感色彩的传单对人们选举的影响比'理智'传单要大得多。"嗣后,社会心理学家们曾做过多次这方面的实验和研究,都得出了相同的结论。这说明传播时首先诉诸情感比诉诸理性更可以促使态度的转变。当然,两种方式各有优长,诉诸情感的近期效果明显,诉诸理性的效果则是长期的、恒久的。但是在实际运用中,它们是不能截然分开的,只是施加影响的次序不同,分量也不一样。广播电视是以直观形象作用于人的听觉和视觉的,感觉直接影响情绪,导致感情的变化,引发人们的思考。如今我们所看到的和所听到的广播电视主持人节目正是那种"一对一、面对面"的拟态环境。在这样的环境中,大家可以敞开心扉、倾情交谈,充满了亲切和热情,自然会取得理想的传播效果。当然,广播电视所要创造的并不仅仅是家庭情境,而是根据不同的传播目的选择不同的情境氛围,如:闲适环境、严肃环境、游戏环境、自然环境等等。

如何更加有效地创造情境氛围,是主持人专业能力的重要表现,俗话说:"闻其声如见其人。"说明声音是可以塑造形象的。这一方面是说,用声音塑造自身的形象,另外它还可以创造情境氛围。"形象化"是广播电视传播的天然优势,播音员与主持人都必须按照这样的规律发展自己的传播能力。

(三)无远弗及,广泛渗透

广播电视信息一旦发出就无法收回,可以漫无边际地传播。特别是卫星和网络使得广播电视讯息比较容易地实现了全球覆盖。不仅如此,广播电视讯息通俗易懂,能够广泛渗透到各类社会群体中。我国地域辽阔,民族众多,由于区域经济发展的不平衡。各地还程度不同地存在着文盲、半文盲的现象。在许多偏远地区,因邮路不畅、购买力不足等都限制了纸质媒介信息的流通。这样就使广播电视成为当然的"大众媒体"。它基本上不受文化水平的限制,从学龄前儿童到古稀老人,从目不识丁的文盲到学富五车的学者,都可以是广播电视的受众。同时,失明的人可以收听广播,失聪的人可以收看电视。因此"老少咸宜,雅俗共赏"一直是广播电视办好节目的宗旨,力求通俗、口语、大众化是广播电视节目的形式特征。

群众性广、渗透性强是广播电视的又一个特点,更是它的明显优势。主持人面对的是一个极为广泛的受众群体。所以他们的语言和表达都应该是通俗化、民族化、大众化的,他们的素养又必须是博学多识、高情远致、善解人意的。尽管现代广播电视正在向"分众化""窄播化"方向发展、尽管我们也很强调主持人的"个性化",但这丝毫不意味着广播电视会改变"点对面"传播的大众化性质。

(四)线性传播,转瞬即逝

用辩证的观点来分析广播电视的客观功能,可以看出,它在获得时间优势的同时,却又无法保留空间的便利。由于是线性传播,它的选择性和保留性都比较差。因为它的音频和视频信号只能按照时间顺序编排播出,难以选择,过耳(目)不留。反之,作为纸质媒介的报纸杂志则可以空间铺陈,平面编排,供受众任意取舍,反复阅读。

为了克服广播电视信息传播的易逝性,大家想到应从节目编排方式上想办法、觅良策。如有意将几条不同内容的节目从一个共同的话题切入、贯穿、解读,形成内在的联系,以强化同一主题的印象。再如,故意将几条内容完全相反的信息并列在一起,产生强烈的对比效果。这样地"组块"编排就可以使节目层次分明,条理清晰,前后呼应,有效加深了受众的印象。这种节目编排方式首先为主持人节目所采用,并逐步形成了这类节目的基本特征。到了20世纪60年代后期,人们从杂志的编排方式中受到了新的启发,不仅仅是不同节目内容的组合,还融会了不同的节目形式,形成了所谓的"板块节目"结构,也就是我们通常所说的"杂志型节目"。在这类节目中主持人发挥着重要的作用,节目内容和节目形式的变化就对主持人提出了不同以往的要求,需要他随机把不同内容、不同形式、各种音响、画面、不同的音乐素材融会于一炉;使主题、内容之间的转换、铺垫、穿插、过渡和谐自然,形成有序的整体效果,同时需要主持人具有临场应变和巧发其中的口才能力。

三、追求情理交融的传播效果

主持人节目的形象主要是由这样四个因素所决定的：权威性、真实性、亲切感、交流感。由于各类节目的宗旨不同，所以四种因素的运用也会有所不同。主持人是支撑这个节目的核心人物，他的全部工作就是维系节目的形象，争取最好的传播效果。

（一）树立权威性

权威是指："人类社会实践过程中形成的具有威望和支配作用的力量。"顾名思义，主持人无疑就应该是具有威望和起支配作用的媒介人物。正因为节目中始终都存在这种支配力量，才形成了节目的特色，称其为"主持人节目"。反之，如果主持人始终不能在节目中树立自己的威望，或者处处受制于人，甚至任由别人"反客为主"，那么这个节目显然是不成功的。所以节目的权威性就来源于主持人的威望和支配力量。主持人的威望依靠他丰厚的生活积累、精辟的学识见解、高尚的品德修养。而他的支配力量，一方面是媒体授予的，更重要的是他自身所具备的令人信服的魅力。美国曾有两位年龄最大、待遇也最高的节目主持人，一位是年近古稀的芭芭拉·沃尔特斯，被美国全国广播公司以年薪1200万美元聘为新闻节目主持人；另一位也是年过花甲的拉里·金，美国有线新闻网以5600万美元的薪金与他续签了四年的合约，继续请他主持谈话节目。这样的薪酬待遇在美国就标志着一种较高的社会价值和地位。为什么他们会享有那么高的身价呢？这两位老人的真正价值不在于迷人的嗓音，而恰恰是渊博的知识、丰富的阅历、深刻的见解以及统摄人心的魅力。

（二）维护真实性

"真实"是主持人节目的生命。它既是指节目内容的真实、人物的真实，也指主持人的真情实感。有了节目的真实性，才能产生节目的亲切感和交流感。

《等着我》以一个个寻人故事为载体，致力于为普通大众实现"团圆梦"，获得了公安部、民政部、妇联等国家部委所提供的政策、公权、专家方面的支持。《等着我》以"助力团圆梦，让心不再等待"为口号，聚集电视、广播、平面、网络等全媒体力量，搭建了大型"全媒体公益寻人平台"。此外，节目还将邀请众多明星参与其中，利用其自身影响转发扩散寻人信息。

据了解,《等着我》节目中除了保留了传统寻人模式:热线求助搜寻外,还增加了时下热门移动客户端、社交平台等新媒体联动方式。《等着我》是中央电视台首个运用"网台联动"模式打造的全媒体公益寻人节目,通过此方式可让不同年龄、不同地域的民众更多地参与到节目的"搜寻"当中,使得搜寻范围更广泛。

倪萍说:"其实,我们过去做节目挺容易的,一个调子把所有观众都喊过来了,但是现在没有一个调子能把所有人都喊过来,所有人都伸张个性。所以就要放弃这种愿望。"倪萍说,"另外,就是把你的心意表达出来,你做到什么观众都能看到,别怕自己那点心意给丢了,观众没看到。"

(三)表现亲切感

主持人是以个性化、人格化的形式与受众见面的。尽管"我"并不完全代表个人的意志,仍然是媒体这个"大我"的化身。但是,受众所接触的则是一个具体的"人",这个"人"的态度直接维系着节目与受众的感情联系。让人感到亲切,会缩短主持人与嘉宾受众之间的心理距离。传播心理学的研究表明:"传播者的相似性与传播效果之间的联系以人际吸引和喜爱为中介。这就是说,如果人们感到传播者与自己相似,就会喜欢他。换言之,人们都强烈倾向于喜欢那些和他们相似的人。而喜欢传播者,就倾向于接受他的观点。"当然,强调"相似性",绝不意味着需要一味去迎合受众的观点或情趣,这种"相似"就是求大同存小异,寻求更多的相互理解和共同语言,诚心诚意关心受众,尊重受众。

(四)增强交流感

平等地参与社会交流,畅叙自己的襟怀,倾诉自己的心愿,是民主社会普遍存在的社会心理。可以说,主持人节目之所以受到欢迎的一个重要的原因,就是顺应了现代社会的这种心理需求,满足了人们的这种社会交流的欲望。这类节目与传统节目的根本区别也就在于它的双向交流性。事实证明,双向信息沟通的效果大大优于单向信息沟通。这种双向交流关系的建立,取决于主持人的民主观念和平等意识。只要改变一贯的"我说你听、我打你通,我压你服"的传统模式,真正与受众平等相处,坦诚相见,尊重大家的意见,倾听群众的呼声,在传授之间建立相互信任、相互理解的氛围,大家就会在这样的氛围中推心置腹,倾心交谈。美国颇负盛名的《拉里·金现场》节目主持人拉里·金总是将自己的身份放低、放平,而把采访对象置于最重要的位置,把谈话的时间和机会都留给了嘉宾,给他们创造充分表达的机会。"拉里·金以轻松友好的态度来面对嘉宾和观众,他不喜欢把探寻隐私当作采访的动机和谈话的主要任务。不咄咄逼人,也不穷追不舍,也正是因为如此宽松的谈话氛围,嘉宾才乐于和他交谈。"

第三节　主持人语言表达的创作分类

一、广播节目主持

(一)声情并茂,感心动耳

广播能否通过声音内容展开听众的视像,是广播取得感心动耳效果的关键。"耳朵和中性的眼睛相比是非常敏感的。耳朵没有宽容性,它是封闭的、排他性的,而眼睛却是开放的、中性的,它富有联系机制。"部落人生活在听觉空间和声觉空间之中。听觉空间是有机的、不可分割的,没有中心和边缘的区别。它是由耳感获得的各类感觉器官产生的联觉效应。耳朵不能像眼睛可以聚焦,它获得的是一种立体的现实感受。口语不能像文字那样形成视觉空间,只能形成一个立体的声觉空间。这个声觉和听觉空间是同步的、整合的、通感的。部落人只能靠口语获取信息,所以他们被拉进一张无形的部落网络。口语比文字承载的情感更丰富,因为语调能够传达喜怒哀乐愁。部落人的听觉和触觉世界是集体无意识的、充满魔力的、不可分割的。"广播不需要对全部真实生活中的声音进行复制,只需要选择那些最容易唤起听众想象的、生动活跃的、具有指示性作用的声音就可以了。对于声音的表现,要在时间层面上顺序呈现,最好不要在同一时间内有过多的声音发生。"这在一定程度上反映广播中对声音的运用,不是简单地对现实的模拟,更多的是充满情节性的,重视对听众情感的作用。

1. 形象生动的话语色彩

广播是说给人听的,要达到"闻其声如见其人"的效果,就需要通过语言的确切表达,来调动听众的想象力。也就是说,广播语言表达要形象化,不仅让广大听众能够明白语义,还要让他们感觉到具体的形象,从听觉的感受中激发视觉、触觉、味觉等联觉反应。这样的广播,容易让人理解和接受并留下生动、鲜明的印象。

2. 明白晓畅的表意方式

广播主持人的语言事实上是通过声波和电波转换以后被收听到的声音，在这样的转换过程中，或多或少会影响到语言的清晰度和可懂度。收听广播，主要是受众感知话语讯息的活动，因此，广播必须特别注意保持语言的清晰度和可懂度，以便于听觉的辨析和鉴别。听其声便能解其意，避免造成由于语音模糊、异体同音字而造成误听和误解，听众只有清楚地分辨语音，才能正确地理解语意，所以，清晰度和可懂度是衡量广播语言的两项重要指标。

3. 简洁明快的耳感语言

简洁明快的语言也是广播主持人语言的一项突出特点。语言越是简洁明确，听觉上就越容易感知、越容易理解。广播是线性传播过程，没有其他辅助表达的手段。而语言讯息转瞬即逝，它不能像报刊一样展开细细阅读，反复理解。所以，无论是新闻还是专题、评论，都应开宗明义地将要讲的事实和观点直截了当地告知听众。任何晦涩难懂的表达方式都不利于广播的传播效果，会失去语意的明确性，人为地造成听觉上和理解上的障碍。

(二)把握规律、明确目标

"电台产生了电台节目主持人，并且使连环故事作家升格为一种重要的国民角色。自电台问世以来，插科打诨取代了玩笑，其原因并不在连环故事作家，而是因为电台是一种快捷的热媒介，这种热媒介还占据了记者报道的版面。"把媒介分为"冷媒介"和"热媒介"两大类是麦克卢汉的又一个重要观点。他划分"冷媒介""热媒介"的依据，是根据媒介提供信息的清晰度及与此成反比的受众在接收信息过程中的参与程度。他认为，广播能够"高清晰度"地延伸人的听觉感受，它们提供的信息不仅量大，而且清晰度高，受众可用单纯的听觉器官承担起接收信息刺激的活动，参与程度相对比较低，所以它是"热媒介"。而电视、电话等媒介的情况则恰恰相反，它只能"低清晰度"地延伸人的感官，受众的参与程度则比较高，所以称它们为"冷媒介"。"冷热媒介"的分类本身并没有多少科学和实用价值，重要的是它给我们的启示：不同媒介作用于人的方式不同，引起的心理和行为反应也各具特点，我们在运用这些媒介时也应该把这些因素考虑在内。

所谓"热线电话"节目的双向交流作用，过去显然是被夸大了。也许这个问题只有网络传播才能够真正解决。广播是大众传播媒介,如果仅仅是为了解决个别人的问题,尽可以打私人电话来沟通,不必引入广播。既然引入广播,主要还是为了面向大众。电话和广播连通的主要目的是为了便于群众参与大众传播活动,而不是反过来为人际交流服务。如果因此而动用公众媒介,那么这样的社会成本就太高了。所以我们必须选择电话中带有普适性的内容,在大众中加以传播。栏目可以起到分类过滤的作用,要是栏目宗旨不具体、不明确,节目中就会混杂大量无序的"信息垃圾",难以梳理。试想,如果"心灵之约"只谈情感问题,怎么还会向你提出历史问题和政治问题呢? 即使提出来了,也是理所当然应该婉拒的。再试想,如果"点歌"节目,只是为愉悦大众而服务,也就不应该漫无边际地东拉西扯……社会问题是复杂的,特别是在社会转轨时期,一些社会矛盾会引发一些新的思想问题。热线电话面对社会开放,就增加了许多不可预知的因素。如果不限定一个相对集中的话题范围,就很容易陷入一种无序状态。反之,主持人把自己的话题集中在某一个范围内,他就可以深入研究话题所涉及的知识领域,从而使这种话语权更具权威性,从而也增强了自己的控制能力。

二、电视节目主持

由于广播与电视的传播规律有很大的不同,因此节目的主持方式也有不同的要求。在讨论电视主持艺术时,必须从电视主持人节目的三个基本要素着眼,即:主持人的参与信息、主持交流的形式和引导参与的方法。

(一)交流是主持的形式

人们通过电视所耳闻目睹的各类节目形态中充满了交流现象,而作为电视节目既需要反映这些交流活动,同时也要维持节目的规范,这就必须要有人来"主持"。主持人的重点责任就是展开传授间积极、有效的交流活动,以取得预期的传播效果。可以说主持人节目已经成为了电视中的主流节目形式,这种趋势还会不断发展下去。

1.形成交流关系

社会交流是人们交互作用、交互影响的方式和过程,因此,凡是单方面的行动,都不是互动,也不是交流。主持人节目的主要特点就是它的交流性,没有直接的交流活动显然也不需要"人"去主持。譬如:传统节目中传播者只承担"转述"之责,不存在那种言来语去的直接交流关系,当然就不能看作"主持人"。从严格的意义来说,"主播"与"主持"也是不同的概念,他们之间的区别也就在于是否有交流活动?交流活动需要有交流对象,并形成节目所需要的互动关系。显然,主持人节目的交流对象就是嘉宾、来宾和受众。

2. 创造交流情境

也可以把主持人节目中的话语环境看作是一个"意见交流的场域"。在交流研究中,"情境"特指发生在不同的条件、背景、境况中的交流情形。也可被看作是发生在不同的情形中的交流系统。这些系统,既具有各自的结构、要素、形式、功能和品格,同时又相互联系、逐次包容,具有一定的层级性。

在这样一个树状的层级系统中,人的心理活动——"内向交流"位于最底部。并与其他的交流情境相互重合。这意味着"内向交流"是一切其他交流情境的基础,并被包含于一切其他类型的交流情境中。而"大众传播"则可以包容一切其他形式的交流情境,并具有最大的"交流规模"和"覆盖面积"。

3. 激发交流热情

在言来语去的交流中,主持人的应变能力显得十分重要。他的应对措施主要表现在控制气氛、处理失误、化解难题等几个关键环节上。

(1)巧发奇中,语妙天下

谈话是一种面对面的交流活动,不仅能闻其言还能观其形或听其声,这样就为主持人把握真情、了解实意提供了更多的讯息内容。根据掌声、笑声、表情、眼神等,推测出对方的真实意图。并据此采取相应的措施,调节现场的气氛。当对方兴致正高时,可着意渲染;厌烦时,则注意回避;疑惑的,多做说明;已懂的,点到为是;有成见,耐心说服;满意的,见好就收……使得主持人可以言遂人意,语妙绝伦。

(2)巧释逆挽,随机应变

主持人节目是处在现实的社会环境中的,现实中难免总会出现一些意外的情况,这就需要主持人根据变化的情况迅速做出反应:一要机敏,二要得体。央视主播康辉有一次在播新闻的时候,他的鼻涕突然流下,但是康辉并没有慌乱地在镜头前擦掉鼻涕,而是临危不乱地播完该则新闻,直至镜头切换。这样镇定自若称职的表现,赢得了网友的大力赞扬。以不变应万变,堪称典范。

（3）巧妙迂回，避实就虚

交流中如果遇到难题，一时无从正面回答，就需要采取迂回的办法，来化解这个难题。譬如：一位导游在山东蓬莱为日本友人讲述"八仙过海"的故事时，一位日本朋友认真地问："八仙过海飘到哪儿去了？"这本是一段传说中的神话故事，不可能有明确的结局。导游急中生智，谐趣地说："我想，为发展中日两国人民的交往，八仙东渡到邻邦日本去了吧！"随情、适景、切题、自然、巧妙、诙谐。

（二）引导是主持的内涵

1. 新闻节目的引导——眼观为实

各家电视台几乎都会把新闻节目作为自己的重点节目，而新闻节目主持人则成为电视台的主要"招牌"。虽然各国的新闻制度有所不同，但是新闻节目主持人所发挥的作用和影响是引人注目的。大家都知道，新闻节目是提供客观准确事实的，而电视新闻除了主持人的语言转述以外，还要提供给受众直观的图像。所谓"耳闻是虚，眼观为实"，就是说亲自听到的还不足为信，只有亲眼看到的才是真实可靠的。电视屏幕反映出的事实未必就那么集中和显明，这就需要主持人用画外音来加以引导。主持人自身的权威性和耳闻目睹的客观事实，都是取得社会公信力的重要因素。

2. 谈话节目的引导——实话实说

电视谈话节目是以面对面人际传播的方式，通过电视媒介再现或还原日常谈话状态的一种节目形态，通常由主持人、嘉宾在演播现场围绕话题或个案展开即兴、双向、平等的交流，它本质上还是属于大众传播活动。谈话是一种形式，内容则包罗万象，如新闻、文艺、经济、政治、教育等等。主持人在谈话节目中的主要职能就是让大家能够敞开心扉，畅所欲言。在各种观点的交流和碰撞中，寻求真理和共识。

美国著名谈话主持人拉里·金在总结成功交谈的经验时，提出了四项基本原则：真诚、正确的态度、对交谈的对方感兴趣和对别人敞开心扉。他说："真诚的态度让观众们清楚我要做什么，而且也让他们看到我进退两难的尴尬处境。就这样，我为自己争取到了一个相对有利的位置，远远胜过说假话或愚弄观众来得强。反之，如果我一切都很顺利，我也会敞开心扉真诚地邀请大家来一起分享我的感受。"他所说的正确态度：一是努力避免说错话,二是努力提高自己的谈话能力。他说到对嘉宾的诚意时说:"我尊重每一位嘉宾,不管是总统、名人堂的体育明星还是布偶青蛙柯米或猪小姐,他们真的上过我的节目。如果你的谈话对象觉得你对他将要谈及的内容根本不感兴趣,感到你根本不尊重他,那么你们之间的谈话是绝对不可能进展愉快的。"

3. 娱乐节目的引导——娱心悦目

所谓"娱乐"就是"娱怀取乐"。不同民族的文化传统和文化习俗就决定了不同的娱乐方式,并非西方的娱乐方式就一定会给中国人带来惬意和快乐。电视娱乐节目的主要特点是轻松、愉快,它源自于享乐主义的通俗文化。娱乐节目的主要形式之一是游戏,这种节目既省钱,又灵活;既轻松,又具有刺激性。游戏节目的魅力在于机会和规则的内在矛盾。机会具有不可预知性,规则却是制约因素。从这个意义上讲,电视娱乐节目应该是能够满足观众对快乐或消遣的需求的电视节目。

娱乐节目是俗文化的产物,但不能一概排斥雅文化的积极因素。主持人应该尽可能处理好雅俗文化的关系,应该惜守"以俗尚为形式,以雅趣为内涵"的基本原则。如果把主持行为看作是一种艺术活动的话,"俗尚"可以说是其形式和过程,而"雅趣"则是内涵和归宿。形式要为内涵服务,内涵需要特定的表现形式,这就是"俗尚"和"雅趣"的辩证关系。具体地说,主持娱乐类节目既要讲求为大众服务的"俗尚",同时还要兼顾文化品位的"雅趣",有效提升节目的吸引力和影响力,坚持正确的文化导向,从而真正做到"俗不伤雅"。

4. 专题节目的引导——启人心志

它属于知识性的服务节目,主要是依靠专家、学者来主持或充当主要嘉宾的。它是增广见识,启人心志的电视节目,应该是人们生活中的良师益友。奥普拉、毕沃这样的学者型的主持人,长期的研读修炼,使他们具备了很深的文化造诣和良好的文化修养,不但善于推荐名篇佳作,更具有睿智的批判精神。观众对他们极富个人魅力的主持风格和博览群书的学识水平,无不崇拜得五体投地。这也许就是他们主持电视读书节目取得成功的关键因素。观众收看这类节目时,十分渴望同主持人睿智的思想交锋,和这样阅历丰富、思想深刻、善于表达和敢于表达自己观点,能与调动起自己读书情绪的主持人相伴,观众把这看作是一种精神享受。

三、网络节目主持

（一）网络传播中的"把关人"

"把关人"理论是传播学中的重要概念。在传统意义上，"把关人"一般都是指通讯社、报纸、广播、电视等机构的记者、编辑、主持人等。但是，无论从信息源的可靠性，还是"把关人"的权威性来分析，真正能够对社会发挥影响力的"把关人"仍然是专业机构和职业人员。特别是网络节目主持人在所有信息的采集、制作和处理中，都起着把关、过滤的作用。"把关"的实质主要有三个方面基本要求：

一是网站所传播的信息内容并不都具有"客观中立性"而是根据媒介的立场、方针和价值标准确定的；

二是网站发布的信息必须满足受众需求、社会目标、文化价值以及经营目标等方面的要求，把满足这样的要求作为取舍的标准；

三是尽管"把关"的过程是多环节的，如记者、编辑等，但是作为"把关的最后一环"主持人必须体现媒介组织的立场和方针。

根据上述三个方面的基本要求，确定主持人主要的"把关"标准就是：提供有用的信息、有益的信息、有利的信息。并从"抑制"和"疏导"两个方面进行"通关"和"把关"。

1. 受众有用

凡是涉及群众根本利益，满足人民群众生活需求的民生问题，都是有用的信息。

老百姓眼中的民生是具体的、实实在在的，是一桩桩、一件件与他们生产生活密切相关的事情。教育是民生之基，就业是民生之本，收入分配是民生之源，社会保障是民生之安全网。这四大问题都是民生的基本问题。解决这四大民生问题，是当前社会的民心所向，民意所在。

2. 社会有益

维护国家核心利益，有益于社会稳定发展、科学进步的都是有益的信息。应从以下几个方面去努力：

（1）与党和政府的方针政策主张保持一致；

（2）国家的利益高于一切；

（3）有益于社会稳定；

（4）有益于经济发展；

（5）有益于精神文明。

3.媒体有利

在保障社会效益的前提下，最大限度地获取媒体经济效益的就是有利信息。社会效益是指媒介获得社会认同的公信力与亲和力，它是通过发布的信息、节目的质量和正确的舆论导向来保障的。而借助这样的公信力和影响力，同样也可以吸引商业广告、节目营销、公益活动来获取相应的经济效益，以维持媒体的生存与发展。媒体自身的价值就是通过这两个方面的指标凸显出来的。

（二）网络信息中的"导航人"

高速信息互联网的出现和逐步普及，把信息对整个社会的影响逐步提高到一种绝对重要的地位。信息量、信息传播的速度、信息处理的速度以及应用信息的程度等都以几何级数的方式在增长，人类进入了信息时代。一方面信息的大量增殖、繁衍；另一方面是受众有效利用信息的媒介素养亟待提高，面对浩瀚的"信息海洋"，人们茫然不知所措，盼望有人来"领航"。由于目前我国受众总体的媒介素养不高，信息处理能力还处于中等偏弱水平。根据一项调查结果表明，除了独立思考能力外，其余反映媒介信息处理能力的指标均没有达到五级量表中等水平。其中，独立思考能力的平均值最高，说明受众在媒介提供的观点面前尚能坚持自己的见解；位居第二的是批判质疑能力，说明还比较信任媒介的新闻报道；第三是深度解读能力，反映出只有半数受众具有这种深度解读的能力；而通过多种途径来核实媒介报道，由于需要付出较高的心智劳动，其平均值也最低。信息化传播方法主要有三个方面的要求。

1.信息识别

它是指根据信息的内容和其产生、传播、接受的程度，依据自身的经验和知识，判断其性质、价值的能力和水平。信息识别过程可分为信息来源、类别归纳、内容信度和价值判断等四个步骤。面对大量的杂芜纷繁、良莠不齐、混沌不清的信息来源，如何才能删繁就简、去伪存真、取其精华，是主持人的重要工作。我们可以把这些信息大体分为三大类：

（1）明确性信息。它来源可靠、内容简单明了、传播透明度高，在产生、传播、接收、反馈等环节中，极少会发生扭曲、变质现象，具有较高的公信力和可信度。

（2）模糊性信息。它是需要经过仔细地分析研究,才能识别其真实内容和实际价值。这类信息很多都是通过我们的广播电视节目传播出去的,产了广泛的恶劣影响。因传播过程中的失真、误导,造成信息污染和难以识别对错真假的后果。

（3）推测性信息。这是指那些内部结构和机理无法剖析观察的物质或现象,只能从外部观察,研究形状、外表及与其他事物和现象的关系,通过测试、模拟、分析等方法,做出推测、假说和判断,逐步得到验证并解释内在的秘密。

2.信息解读

主持人的信息识别能力对广播电视信息正常的传播、接收、利用均发生影响,也是节目有序竞争的动力。主持人的信息识别能力可通过下列途径有意识地培养锻炼。

（1）善于识别信息类型。熟悉信息类型,分门别类地加以判断处理,可以提高信息利用效率。因而,有必要培养造就这种信息意识,培育信息识别能力,善于利用真实信息,取之于彼,用之于我,为节目增加内容和色彩。

（2）培养积极健康的信息意识。信息意识是需求、识别和判断的原始动力,也是主体能动性的反映。它们取决于客观物质条件、信息意识、加工整理水平和识别判断能力。

（3）广学博览,丰富知识。只有不断丰富自己的知识积累,才能识破虚假模糊信息,判断本质和价值,明察秋毫,对有害的虚假信息迅速识别和纠正,提供准确真实的信息并能科学预测未来社会的发展趋势。

3.信息综合

信息综合就是要按照特定受众需要形成"综述""述评""评论"之类的信息加工品。这就需要既注意把握信息的实质意义,又能熟练地解析信息细节,在消化信息时把个别的分析和整体的领悟结合起来,我们把这种能力称为信息分析能力。通过分析和综合,变换角度观察既定事实,从而得出自己的结论。

这也是信息分析综合能力的核心内容。信息综合是将分析得到的结果加以融会和整合,在一定高度上进行概括,寻找共同规律、共生现象动因,并在此基础上,进行一定合理的推断。它主要需要培养三项能力:一是质疑力和判断力的提高;二是提高分析问题的科学性和系统性;三是加强综合思维的深度与广度。为提高综合的深度,必须注重提高抽象思维能力和概括能力,正所谓那种"由此及彼,由表及里"的分析综合能力。

4. 信息交流

一般来讲,信息交流总是出于满足某种需要而进行的传播活动,如生理需要、社会需要和心理需要等。因此,我们可以将作用于交流的信息分为以下三类:

(1)产生催促性信息。催促性信息,起某种推动作用,表现为传授间的命令、劝告、请求等等,主持人充分利用催促性信息的控制作用,去影响和激励受众,产生正面引导的作用。善于运用多种信息传递方式,不仅要靠语言等系统明确的命令,也应有非语言的暗示和感染力,来达到催促的目的。

(2)产生确认性信息。确认性信息,起表征描述作用,表现为介绍、描述。它并不提出要直接改变行为,但却可能产生对行为有意无意的影响。

(3)产生情感性信息。情感性信息,起联系、宣泄作用。人是具有丰富感情的,在信息交流中也会表达出自己的喜、怒、哀、乐的情感。应当指出的是,情感性信息的发出,最终对他人是有影响的,但直接的作用往往是引发他人的同情和同感,即达到联系情感的作用。

(三)网络舆论中的"意见领袖"

意见领袖又叫舆论领袖、观点引领者,是传播学的经典概念之一。1940年哥伦比亚大学研究当年美国伊利县的选举,发现在传媒影响政治生活和选民投票时,存在一个必不可少的中介群体,研究者把这个群体称为意见领袖。大众媒体所传播的信息往往是先被这些意见领袖所接受,然后再通过人际传播途径传给追随者。因此,意见领袖就是指在信息传递和人际互动过程中少数具有影响力、活动力的人。他们存在于社会的各个领域中,并非就是指政治领域中的"领导者"。网络媒体与传统媒体最大的不同,就是在大众传播的过程中,更多地引入了人际传播的因素。主持人将越来越多地在人际传播中发挥他的影响力。主持人对网络舆论所产生的影响是显而易见的。

一是影响众多的网民。这包括两类群体:首先是沉默的大多数。网民虽多,但绝大部分网民并不发表见解,他们还是被动地接受网络信息,这也就是所谓的沉默的大多数。很多网民经常上网看消息，看论坛，但从来不发言，而是保留自己的意见。其次是追随的大多数。在网络发言中，他们只是简单地表达只语片言，或者是对他人的言论表示赞成与否，没有什么影响力。于是在网络上就形成了沉默者受发言者支配，发言的边缘者受核心者支配的格局，而那些网络主持人往往就充当了核心层的意见领袖。

二是影响舆论的走向。意见领袖影响舆论的主题和倾向，不但可以设定他人的话题议程，而且表现为左右话题的走向。网络上讨论的一些热点问题，往往是生活中的突发和重大事件。主持人快速地在网上发言，抢占舆论的先机。由于他们富有鼓动性，先入为主的观点对网民产生巨大的影响。一些网民在人民网发挥影响力的基本过程是，发帖引起回应—被加进—被置顶/推荐到人民网主页—被转载，并辐射到其他网络，乃至从网上到网下。

三是管理好现有的网络节目主持人。一些网络主持人与网民平等交流，更容易产生认同，有独特的优势和长处。对网民的积极建言，应当鼓励。对他们的偏激言论，应当宽容。当然，当言论中出现问题，也用与人为善的态度，耐心引导。应该努力创造条件鼓励主持人成为独当一面的论坛版主，发挥舆论引导的作用。

四是培养好新生的网络节目主持人。在网络舆论中起意见强势作用的仍然是传统大众媒介舆论中的意见领袖，这些人无外乎是学者、专家、艺术家、劳动模范、战斗英雄、著名主持人，等等。应倡导新生的网络主持人深入网络社区，承担起传承先进文化、倡导科学理念、引领网络舆论的责任。这之中尤其要强调传统主持人的转型。网络媒体提供的言论空间十分广阔，应该鼓励主持人以网络的形式发表更为深刻和系统的见解，增加广博的知识，强化媒介素养，提高表达能力。

五是发挥好主持人的舆论引导作用。从我国一些较有影响力的论坛的参与情况看，培养论坛的意见领袖，继而利用这些意见领袖来引导网上舆论，已成为一些大型论坛的普遍做法。

第四节　主持人语言表达的创作方法

一、语言表达的创作方法

（一）朗读式

1.朗读的语境特点

朗读一般都是在"我说你听"的氛围中展开的,这样的语言环境需要比较专注的神情和聆听的情趣。

（1）诉诸听觉

朗读是把书面语言转化为口头语言的一种表达方式。朗读艺术就在于用有声语言准确、鲜明、生动地表达出书面语言的内涵和实质,把"目治"的语言变为"耳治"的语言的过程。不同的存在环境和不同的物质条件,就使它们具有了不同的特点。朗读是诉诸听觉的,所以让人听得清、听得懂是首要条件,其次还需要愉悦听觉和心智,给人以美感享受。

（2）口语转述

朗读是转述他人意见的一种口语形式。朗读必须依据文字稿件,在"不能播错一个字"的要求下,表达出文字不能或不便表现出的意蕴和内涵,是语言艺术再创作的过程。朗读中实际上是以复述第一人称出现的,因为朗读的内容虽然是转达他人的意见,但是却融合了自己的看法,表达的是一种共同的认识。广播电视中的朗读最适合传达公共信息和政府文告,成功地塑造政府或媒体的形象。文学作品的朗读,由于增加了语音信息,"它才增加了活力,有了跳跃着的生命。"朗读艺术语言会使文字作品产生更加深邃的意境,达到感人肺腑的艺术效果。

（3）心理情境

既然是转述他人的意见,这种语境内就没有直接的交流对象,不需要根据反馈来随时调整内容。同时,广播电视中的朗读一般又是在封闭的环境里,根据自己的想象活动建立与外界的联系,所以它也不具备接受反馈的条件。

在交流性的话语环境中,说话者可以得到对话者的直接反映和心理上的支持。在广播朗读的环境中,则需要传播者运用对象感、情景想象等自我心理活动,来建立与受众的联系,给人以"闻其声如见其人"的交流感。播音业务中把这种心理能力往往称为"内部基本功"。在播音业务要求中,它与"吐字归音""用气发声"等外部基本功是同等重要的,它直接影响到语言表达的效果。

2.朗读的一般规律

(1)思维反应律

思维跟感觉和知觉一样,是人脑对客观现实的反映。不过,感觉和知觉是对客观现实的直接的反映,而思维是对客观现实的概括的、间接的反映。反应,是指有机体受到体内或体外的刺激而引起的相应的活动。

在朗读中,无论是对客观世界的感知,还是语言符号的认知都对有声语言的运用产生影响。创作主体的思维是否积极,反应是否敏锐,决定着他的创作状态和创作过程,乃至创作成果。所以也把它称为"创造性的劳动"。

语言艺术创作状态上的眼看、心想、耳听、口说,都离不开思维反应过程。无论是报告新闻、播送专题、画面解说、现场直播,创作主体在话筒前的思维反应显然不同于一般的言语活动,有其自己的特点:目的十分明确、思路十分清晰、理解相当深刻、语言相当简洁。在语言表达上,总是有感而发、言必由衷、语必逮意、明白晓畅。

把文字稿件变为明白如话的语流,是一项再创造。它是在深刻理解消化文字稿件精神实质的前提下,运用语言艺术的手段改造成一听便能明白的话语形式。这个创作过程,正是积极思维、敏锐反应的过程,不能丝毫松懈。一般来说,对书面内容理解得越透彻,创作思维的反应也就越灵敏,转述的话语也就更加准确、鲜明、生动。如果认为,广播电视中的朗读只是"照本宣科",那是不了解朗读的思维方式和创作过程,更不知道朗读是一种艺术,是人类文化形态的一个重要组成部分。

(2)词语感受律

词语感受主要是指对语言符号的感知和生发。词语是一种符号,是反映客观事物的主观映象。汉字由图画文字发展而来,汉字的发展历史又是图画文字的象形、象意特征逐渐退化的历史。这种退化不是要将汉字发展成为一堆抽象的符号,而是要使汉字的表意功能更好地适应语言与思维的发展。当我们把文字语言转化成有声语言的时候,就比较容易引起联想和想象,所谓"望文生义"是贬斥一种牵强附会的现象,如果正面来理解可能就是一种联想活动。

（3）对比推进律

对比，是指表达中不同感情色彩和语势变化的动态反映；推进，是指在一定目的的指引下，有声语言的定向流动变化。

对比，大到这个节目和那个节目、这篇稿件和那篇稿件，小到这一段同那一段、这一句同那一句，这个词或词组同那一个词或词组，都出现高低、强弱、快慢、虚实、明暗、松紧……的对比。在对比中显出层次、结构和主次，也表现出情感的浓淡、亲疏。

推进，指语势的流动和语意的推进，内在语意的逻辑和外在语音的关联形成一股推进的力量。给人以连贯、明晰、畅达的感受，显示出无穷的意味。

对比推进律，是在明确目的指引下，不同感受、不同态度、不同情感、不同色彩和分量的对比及其在声音上产生的对比变化向着一定方向显示流动的态势，推动有声语言向前跃动的驾驭能力。只有对比，才可能向前推进；只有推进，对比才会有生命力，二者相辅相成。

（4）情声和谐律

主持中要求感情要给足，声音要节制，这就是情声和谐律的含义。"以情带声，声情并茂"是朗读中必须遵循的创作原则。但是正确处理好"情"与"声"的关系却并不容易，也是我们一直都在追求的目标。实践经验表明：感情要酝酿充足，用声有所节制，这样才能入耳中听。

在语言表达上出现情声不和谐现象的原因是多方面的，但主要的问题表现在两个方面：一是思维活动不积极，缺乏真切感受，难以调动真情实感；二是表达技巧不娴熟，词不达意，声不传情。

情感的调动并不是没有来由的，它首先需要加深对客观事物的理解，还要做设身处地、将心比心的深刻体验。情感的酝酿需要有一个过程，思维的积极程度，决定了这个过程的长短，也就是俗话所说的"心有灵犀一点通"。但是我们调动的一定要是真情实感，任何矫情和假意都不可能取得情声和谐的效果。所以我们主张"为情造文"同"言为心声"结合起来，达到声情并茂的效果。

（二）阐说式

1. 阐说的语境特点

阐说的语言环境带有理性的特点，它是在叙述和阐发的过程中报道事件的。带有明显的评论色彩和探讨价值。并展现以下几项突出特点：

(1)时间效率高

阐说往往是对新闻事件的同步报道，而新闻事件是发展的，是一个动态过程。所以阐说必须根据事件发展的客观情况，随机应变，及时给予说明。无论他需要重复多少遍，但都必须随着事件的结束而结束。所以时间是被限定的，没有反复斟酌、充分酝酿的条件，也没有事后修改的可能。特别是现场直播的扬首，只能一次成型，在这种情况下，语言的调动和组织都带有较大的随机性，否则将难以捕捉或描述瞬间发生的新闻事实。由于时间紧迫，要求语言简练，言必有中。这就需要事前的判断准确，事由的说明清晰，事后的评点恰当。在这种环境下生成的语体虽显粗糙，却较为朴实、生动、真切。

(2)空间跨度大

偶发的新闻事件往往不受空间的限制，而阐说又大多是在事件发生的现场进行的。在现场环境中，常常会面临一种纷繁复杂的局面和许多不可预知的突发情况。但是这种环境因素往往又是可以被利用的新闻事实。在现场报道中，音响、画面和语言一样都是说明事件的重要因素。譬如：当重要音响出现时，主持人或记者要突出音响，不能让语言淹没音响；同理，当关键的新闻场景出现时，也不能试图转移观众的视线……因为在这种情况下，让受众耳闻目睹的事实比叙述出来的事实更有说服力。所以，就需要充分运用这种环境因素来阐发事物的本质现象。环境因素既是现场阐说的组成部分，同时也会形成对阐说的一种干扰。

(3)情境因素多

情境因素是在特定的社会心理氛围中产生的。阐说伴随着采访活动，与被采访对象的互动，就会形成一种情境。由于双方处于一种临时形成的特定关系之中，因而对话语形式的选择和话语内容的理解都要受到制约。环境越复杂、被采访对象越多，情境因素的影响就越大。所谓"射箭要看靶子，弹琴要看听众"，就是指要根据对象的身份、职业、性格、处境、心情等选择对方愿意接受的话语方式，以达到预期的表达效果。实际上，也就是指那种善于利用情境和各种人交流的能力。与不同的采访对象随机交谈，也是记者、主持人的一项基本功。在不同的环境中、面对不同的对象，谈话方式当然就不一样。但由于它们都是与事件有关的人物，所以话题相对比较集中。只是观点各异，提供的情况多样，这些都为主持人、记者及时提供了丰富、新鲜的话语资料。

2. 阐说的基本规律

(1) 出口成章,阐发新意

阐说在大多数情况下都是在现场进行的。由于现场的情况千变万化,这种阐说总是边听、边看、边想、边说,紧扣事件发展的动态。在头绪纷乱的现场中,要善于捕捉与事件有关的细节要素,准确地把握住事件发展的脉络,做到条分缕析、心中有数。并紧紧围绕事件的来龙去脉,即兴阐述,恰当评说。不能因为身处纷繁的现场,搞出许多"花絮"来,令人不知所云,甚至离题万里。这就需要主持人或记者具有较强的语言组织与表达能力、丰厚的文学涵养、广博的文化知识。面对变幻不定的现实,能够迅速抓住要旨,言之成理、语出成篇。

(2) 利用情境,据实讲解

现场的音响或画面都是一种新闻事实,也是一种情境意义,人们耳闻目睹这些社会现实,就更加信服。而主持人利用这些情境意义据实阐述,可以把话说得比较简练,也更具有说服力。在这样的场境中可利用的因素比较多,如人物、景物、实物、氛围等等,都是可以利用的。只要选择恰当,使用适切,就会形成特有的表达魅力。这就要求主持人必须始终保持一种敏锐的观察力以及冷静、机敏和随机应变的语言表达能力。

(3) 言近旨远,语随境迁

现场事件是按照时间顺序发展变化的,这就注定不能对动态中的事物进行过多的渲染和铺陈。只能择其要义,用最通俗、简练的语言揭示事件的深刻内涵。在阐说新闻事件时,时间是有限的,空间却是无限的,既要依循时间发展的脉络,又要包容空间延展的概貌。这往往是现场报道所面临的突出矛盾,时间的紧迫要求言简意赅,空间的延展又要求蕴意丰富。在这种情况下,去力争做到以下几点:

一是依据不同语境的表达需要来选择语词中的同义形式,修饰和调整不相适应的言语形式,甚至创造特殊的表达方式;

二是利用情境因素来排除歧义,使语言中的多义和歧义现象获得明确的单义性;

三是利用语境中特定的情境意义补衬语言本身的意义,表达出更多的言外之意。

(三)谈话式

1. 谈话的语境特点

(1)言来语去

谈话是一种双向交流的过程。没有对象的谈话,只能是心理独白。所以,它是以言来语去的方式来组成这种交流关系的。这种交流又是亲切、真诚的,所以不应该是"背对背"而是"面对面"的。这种交流又是一种允许别人回应的平等关系,所以它应该是"一应一答"或者说"一对一"的关系。尽管谈话的场合有时常会人群聚集,或者出现"一对众"的谈话情况。但是谈话交流的目的只能针对具体的"一个人"。如果转对"众人"谈话就变成了阐说或演说。换句话说,谈话与阐说在语境上的最大区别就是"一对一"还是"一对众"。

(2)情境宽松

邀请对方谈话,一般都会选择适宜的场所。不同的场所会提供不同的谈话意趣和氛围:朋友相聚,总是轻松愉快的,一般会选择家居客厅、风景胜地等;工作谈话比较严肃,一般选择办公室、会议室等正式场合;邀约谈话,则会在一些茶馆、饭店等非正式场合……不同的场合对谈话的效果都会产生不同的影响。另外,谈话场境中可以利用的因素是很多的,人物、自然景物、实物、情境气氛等,都可以利用,只要选择恰当,使用适切,就会形成特有的表达效果。

(3)意趣相投

俗话说:"话不投机半句多。"是说没有共同语言很难谈到一块儿去,即使凑到一块儿,也无话可说。生活中经常会出现这样的情况。所以谈话,是一种完全自发自愿的交流活动,没有共同语言当然就不能够构成谈话的动机。所以无论是邀请嘉宾,还是现场群众都应有所选择。既要具有一定的代表性,也必须是具有共同兴趣的。在广播电视谈话节目中,也曾出现过因话不投机而导致谈话中断的情况。谈话的语境必须是轻松的、随意的,不能一厢情愿,更不能强加于人。这种谈话是一种由交流到交心的过程,所以应该是客随主便、主遂客意的那种关系。

2. 谈话的基本规律

(1)通俗口语

由于谈话是随想随说,来不及字字推敲,句句斟酌,所以不仅句子简短,而且经常采用熟语、俗语等句子和词汇。语法上多采取口语结构,口语句式一般表现简练、松散、灵活。这样的话语都是日常生活中大家耳熟能详的，所以一听就懂。当然它也同时存在着重复、啰唆、词序颠倒，易受环境干扰等缺陷。

（2）形象生动

由于是面对面的交流，一般都会出现大量副语言的成分。相互间会借助手势、姿态、表情、眼神等帮助表达。同时谈话对环境的依赖性较强，环境对语意的传达也会产生一定的影响。在日常生活中，谈话地点的选择一般总是和话题有关。或上门会友，或邀友聚首；或家居叙谈，或饭店宴请……广播电视的谈话节目也会根据内容和话题的需要，设计适宜的环境来增加大家的谈兴。这些环境因素与谈话内容融合在一起，就形成一种浓郁的亲如家人的情感氛围。

（3）适于交流

由于句式结构比较自由，根据对象对语意的理解程度可以灵活调整，应对如流。谈话的双向性，使得反馈及时，可以不断矫正表意不足的缺陷，做出补充性的说明。所以，这种语体沟通及时，便于理解。有许多书信往来难以表达、不能解决的问题，往往通过面谈取得共识、达成谅解。特别是许多重大的社会争端或疑难问题，往往就是通过谈判最终得到解决的。

从谈话内容上分析，它主要是由话题、谈资、观点三部分组成的。首先需要针对不同的谈话目的，选择适宜的话题；为了使谈话积极有效，还要搜集足够的谈话资料；而要实现谈话的目的，就要表明基本的观点。谈话是人类交往和思想交流最基本的一种社会行为，也是维系各种社会关系的主要方式。实践证明，广播电视中的谈话节目在促进民主政治建设、发挥舆论监督作用等方面是积极、有效的。目前它已经成为广播电视中最受欢迎的一种节目形式，所以很有深入研究的必要。

二、主持艺术的创作方法

（一）主持传播的方法

广播电视节目作为一种传播形式，主要存在于大众传播的过程中。主持人节目不同以往的广播电视节目，就在于它在大众传播的过程中又注入了人际交流和互动的因素，从而创造了一种复合形态的传播模式。"它的本质特征就是在大众传播的过程中进行信息的'接力传承'，又在个人（人际）

传播的情境中实现传播致效。"传播学者们认为,这种复合形态是一种理想的传播模式。"但是,要将人际传播和大众传播媒介成功地结合在一起,就需要技巧和努力。"

1. 语言传播

"脱口秀"原意是指一种以谈话为主的节目形式,后被港台的翻译家按音义结合的方式,译解为"主持人"的代名词。不可否认,主持人传播活动的主要手段就是使用有声语言。所以主持人是需要讲求语言艺术的。过去我们讲求广播语言特点,主要是从遣词用句的口语化特征入手的,在表达上也侧重于对书面语体(文体)的转化形式——朗读的研究,并已形成了播音学科体系。直到今天,有些专业教材中还把这种"文体播音"看作是唯一的传播手段。朗读是一种口头语言的功能性变体,不能否认它也是一种语言艺术,这种语言艺术也曾经是适应了传统广播电视播出需要的。实践证明,世界上没有哪一家电台、电视台是不需要读稿子的,只要它还具有社会传播的功能,广播电视中的朗读就还会继续存在下去。当然,随着广播电视节目日益丰富,特别是主持人节目的出现,创新语言的表达形式,必然会提到讨论的日程中来。这就需要我们把握更多的口头语体传播形式,譬如,口头报道、现场解说、说新闻、访谈、交谈、侃谈等等。应该说它们都是广播电视的语言传播艺术,也是主持人的基本传播手段。把"脱口而出"的表达方法,引入到广播电视语言中加以研究,大概还是近几年的事情。广播电视的口头语体显然是一个重要的研究领域,也是广播电视摆脱"办报模式"的重要途径。现在我们正在研究并完善这些语言传播手段,并需要在实践中不断加以总结提高。不能认为这种节目形式是从海外、港台借鉴过来的,就"全盘西化",把"港台腔""洋径浜"都当成主持人语言的特征了。应该说,传播语言的民族化、大众化、规范化仍然是我们所追求的方向。如前所述,主持人节目是复合传播的节目形态,主持人既要面对"大众""群体",也需要面对个人。"对什么人说什么话",既是"语境规约",也是传播交流方法。所以从传播学的角度来着眼,主要考虑语言是对哪些人说的,怎样说的问题。

(1)大众传播中的语言——对大家说

大众传播面对的是大量隐匿的、分散的、文化层次多、身份不确定的受众,面对这样一个庞大的社会群体,如何进行有效的传播,是很不容易的事情。我们在寻找大众传播的有效方法时,需要从两个基本的方面来着眼:一是语言信息的抽绎度要低;二是语言信息的冗余度要适当。

语言的抽绎程度有高低之分,抽绎的程度越高,它与具体实际的依存关系越是间接。大众文化对生活的抽绎度低,没有高雅艺术那么精致。但是它却最接近普通人的生活,可以最大限度地为人所理解,满足不同受众的需要。可以说,大众传媒是通俗文化生长的土壤和条件。如果以高雅文化来苛求这类媒体,以晦涩为深奥、以矫情为清高,那么就会违背大众传播的自然规律,远离受众的实际需求。传播学家威尔伯·施拉姆就明确指出:"有效传播的一个秘密是把一个人的语言保持在听众能够适应的抽象程度上的能力,以及在抽象范围内改变抽象程度的能力,以便在具体的基础上谈论比较抽象的内容,使读者或听众能够不感困难地从简单熟悉的形象转到抽象的主题或概括上来,并在必要时能够再回到原来的形象上去。"

大众传播媒介被称为"闲暇媒介",因为它总是在人们的闲暇时间内被感受的。或者说是在一种"非专注性"状态中随意收听收看的大众媒介。非专注收受,必然会降低语言信息的清晰度,就必须适度增加信息的冗余量。(重复)冗余度是指超出所需最小量的信息量的大小。语言符号的冗余性特点保证了语言在传播通道发生故障时,信息能够继续传递。而且,一定的冗余度还能为暂时遇到理解障碍的受众提供线索,同时还能为检验信息接收效果提供参照系。所以说,"没有冗余度的语言符号缺乏抗干扰性"。应天常先生认为主持人口语表达中,"冗余"主要有四种表现形式:"1.用同形同义的言语方式传达剩余信息;2.用异形同义的言语方式传达剩余信息;3.用追加补充的言语方式传达剩余信息;4.用不同的言语代码传达剩余信息。"作为大众传播中的语用策略,"冗余"是必要的,也是一种口语修辞的手段。现在主持人节目中,已经很少有那种正襟危坐、不苟言笑、字斟句酌的传播现象。但是词不达意、重复啰嗦的现象却日渐增多,这与主持人的语言修养不足有关。提倡增加语言的冗余度是适度的,也就是说以受众听清楚、听明白为最低限度,而不需要再添枝加叶地增加许多不相关的信息。

近年来,随着电信事业的发展,电子传媒的终端已经伸展到千家万户,特别是彩色电视和调频广播的普及,使人们的休闲活动越来越集中到家庭这个特殊的环境中来了。因此,大众传媒的内容和形式如何适应家庭需求就自然地提到议事日程。我们知道,任何一种语言要较好地起到传神达意的效果,除了内容正确、逻辑分明、语言清晰以外,还必须顺应它所处的语言环境。演讲厅、教室、影剧院。会议厅是比较严肃的公共场合,演说家、演员和教师的语言应该规范、庄重,只有这样才能说服对象,把受众的思想和情绪统一起来。而家庭则是一个自如、舒缓、轻松的环境,在这样一个环境中说话则不必追求庄重规范,而应该力求用亲切、柔和的语气娓娓而谈,说错了怎么办? 不怕,纠正过来就行了。重复了呢,也没有关系,重点明确就行,人们恰恰要从这种并不怎么规范的交谈中领略生活的情趣。在日常生活中,如果谁用演说家和教师的口吻和一个家庭中的某人谈话,人们一定觉得可笑,一定会说他刻板迂腐不看对象。同样,在广播电视中,主持人用一板一眼的语言说话,尽管说得字正腔圆,人们也觉得很难接受,甚至很反感。因为这种语言和它所处的环境极不协调。

(2)群体传播中的语言——对你们说

这是指那种可以确定范围和对象的公开的交流活动。所谓公开型的群体交流,主要是指小群体交流的内容和形式都是公开的。其讨论的内容完全对外界公开"开放";其讨论形式也允许小组成员以外的其他人员,特别是听众在场或旁听。在现代社会中,这种公开性小组交谈常常与大众交流的形式并存,即让大众媒介公开报道、转播小组交流的全过程或大部分过程。在西方,这种公开性小群体交流有以广播、电视为媒介公开举行的"讨论会""专题座谈""听证会"等。在我国,近年来也以电视为传播媒介,举行各种形式的座谈和"对话会"。显而易见,这类交流的目的,不仅仅在于小群体讨论本身,而且还在于通过这种讨论使观众、听众获得有关信息。因此,公开型小群体交流除具有一般小群体交流的品性之外,还有其他的特点,如交流环境的开放性,听众、观众的"在场"或间接"在场";大众传播媒介的介入等等。既然具有一定的范围和明确的对象,就是一个需要组织起来的受传群体。这个群体是围绕传播者而存在的,所以传播者的吸引力与核心作用就显得十分重要了。在群体传播中"意见领袖"是发挥组织作用和引导作用的核心力量。如果没有这样的人物来支撑,就缺乏凝聚力,群体必然会涣散,传播就会失效。所以主持人能否发挥"意见领袖"的作用,用恰如其分的方式展开话题,来调动群体的参与热情显得十分重要。

2. 非语言传播

非语言手段是传播学的一个概念,它是指除语言以外的一切有意义的传播手段。它们大体上可以分为以下几类:

（1）环境语言

主持人节目所需要营造的就是那样一种民主交流的氛围和平等对话的语言环境。只有在这样的环境中，"主人"才能春风化雨，"客人"感到宾至如归。有了这样的环境，大家也才能知无不言、言无不尽、敞开心扉，充分交流思想。作为传播者的"主人"也必须处在与他人平等的位置上，双方才会真正建立起互信、互谅和互敬。一旦形成了这样的关系，也就比较容易取得理想的传播效果、思想的充分交流和信息的充分共享。

良好的心理环境和理想的物理环境的作用既是相互的，又是一致的。他们都对传播效果发挥着不同程度的影响。理想的物理环境会唤起人们兴奋、愉快等肯定性情感，从而形成一种特定的心境状态，而这种心境又会投射到周围的事物上去，可以形成整个节目情景交融的效果。

（2）身势语言

它是指身姿、手势、表情等传情达意的方式。主要是以"体语"和"眼语"构成的以动态为基本形式的非语言方式。一般地说，情动于中必形之于外。人的表情、动作、仪态，总是反映着人的某种思想、感情。伯德惠斯特尔认为，人的大部分动作就像组成词的字母和音素，是意思表达的组成部分，他把这叫做"体语的最小单位表述"，这些最小单位结合在一起就组成体态语言。他认为，"体态语言"与人类有声语言（言语）或无声语言（文字），一样都有特定含义。按照体态语言的表达作用，它又可以分成四种，就是：按照民俗习惯和特定语境表达出的象征性体语；对言语补充、强调、渲染的说明性体语；显示内心情感的面部表露性体语和暗示某种意味的调整性体语。电视播音员可以有意识地把这些体语在镜头前加以运用。比如，可以用点头、手势、抬颏等代替自然语言来表达对受众的示意，也可以借助特殊的手势辅助说明，从而起到吸引受众注意力，等等。

"眉目传情"是体态语言的另一种表达方式。西方人说："眼睛是灵魂的窗口"也是有一定道理的。原中央电视台《为您服务》主持人沈力认为：主持人"一是靠语言，二是靠眼神。如果仅仅是背稿，眼神必然是呆滞的"。沈力的眼语表达内容是极为丰富的，从她的眼语中大家无不感到一种真诚和热情。眼睛被人们誉为"心灵的窗口"，表明它具有反映深层心理的功能。电视播音时，对播音员一般都推出近景特写镜头，因此，一双"会说话的眼睛"尤显重要。

（3）服饰语言

人的穿着、服饰、打扮有时也会表明某种含义。在古代，服饰曾是判断一个人社会地位、职业、身份甚至种族、家庭的标志。在今天，这些标志已经不一定可靠了，但是积淀在历史文化传统中的民族习惯、审美情趣，仍然可以通过服饰传达出某些国民气质、时代风尚、文化特色以及个人的文化素质、价值观念与社会地位等信息。人的穿着、服饰、打扮有时也会给人以强烈的印象，表明某种含义。

服装和饰物也是传达信息的载体，在特定的传播条件下，具有明确的表情达意功能。日常生活中，人们也讲究穿着得体。在新闻传播中，更要注意服饰的传播效果。对电视新闻传播者来说，服饰语言的功效和意义在于，它可以提高对受传者的吸引力，确立传播者的平等亲近的地位，有利于在受传者中产生从众心理，特别是可以使劝服性信息的传播达到预期的效果。记者身着什么服饰，要根据具体场合而定，如到矿井里面去采访，最好穿着工装，戴上安全帽；到农村去到田间采访，最好穿着朴素，不要西装革履，花枝招展。在电视传播中，主持人、记者的服装语言，同样具有吸引受传者注意的作用，对其传播的内容也有辅助性劝服作用，犹如商场里推销时装的推销员经常身着正被推销的时装。

（二）主持"求通"的途径

主持人既是信息传播中的媒介人物，又是万众瞩目的公众人物，他所承担的主要社会责任就是沟通受众的认知和感情，传承文化价值和道德规范，协调社会关系，凝聚人心民意等。所以他是创造和谐社会，营造和睦氛围的重要社会角色。主持人的传播活动实际上就是一种思想交流和感情沟通。亚里士多德在两千多年前就曾提出过一个观点，他认为通过论辩或演说本身说服听众，要感情与理智并用。就是在信息传播时，既要诉诸感情又要诉诸理性。我们今天的传播实践也一再印证了这个论断的正确性。通常采用两种方法：一种是运用理性或逻辑的力量，冷静地摆事实、讲道理，以达到以理服人的目的；另一种是主要通过营造某种情境气氛或声情并茂的动人言辞来感染对方，以取得以情感人的效果。

1. 人相知，众相望

马克思认为：社会是人们交互作用的产物。社会是人类进行现实活动的场所，人们在这个场所中，通过扮演各种角色以相互交往，形成生活的共同体。他说:"社会不管形式如何究竟是什么呢? 是人们交互作用的产物。"他又说:"人的本质并不是单个人所固有的抽象物。在其现实性上,它是一切社会关系的总和。"主持人在家庭生活中和社会生活中所充当的角色是有所区别的,譬如:在家庭中他可能是一个父亲或者儿子;在单位里他又可能是领导或员工;在社会中的角色,可能是"人类灵魂的工程师""人民公仆""党和人民的喉舌"等等。处在不同的社会环境和不同的社会关系中,就需要发挥出各自不同的社会角色作用。既不能用家庭中的角色意识来取代职业角色意识,也不宜用职业角色意识来支配社会关系。所以主持人必须首先学会正确转换自己的角色意识。

2. 言相通,心相照

语言是沟通人们思想和感情的重要工具。但是常言道:酒逢知己千杯少,话不投机半句多。人们的言语交流总是在一种特定的关系中进行的,关系不融洽,交流就不顺畅。反之,言语也是建立这种关系的桥梁,善为说辞显然能够沟通感情,畅达意涵。主持人首先需要具备这样的语言能力,才能够发挥广泛交流的传播作用。这种语言能力的习得需要遵循这样几项规则:

(1)互敬的原则

按照马斯洛的心理需求理论,受到尊重是人类较高层次的生活需要。相互尊重是文明社会的基本特征,人人都有自尊心,都期望得到别人的认可、赏识和尊重。这种需要的满足,会增强人的自信心和上进心;反之则会使人产生自卑感,甚至影响人际交流关系。因此,主持人的语言首先要遵循互敬的原则。

(2)互谅的原则

互谅的原则要求主持人胸怀开阔,宽宏大量,容忍谦让。在主持人节目中,特别是各抒己见的谈话节目,难免会有意见的交锋,观点的争议,有的还会牵涉到个人或团体的利益,如果事无大小,动辄训斥、指责,以针尖对麦芒,心理的距离会越拉越大,话题会越来越谈不拢。

(3)互通的原则

理解的原则要求主持人不要只从个人的意志、心理和需求出发来表情达意,而要多站在别人的角度和处境上,去理解对方的心理与情感、言行与需求,以求得双方一定程度上的价值认同,从而使节目传播得以顺利进行,达到预期的交流目的和言语效果。这也就是所谓"换位思考"的基本含义。

（4）互适的原则

俗话说："到什么山唱什么歌,见什么人说什么话。"任何言语交际,都是与某些特定的社会环境、特定的交际对象、特定的交际宗旨联系起来的。主持活动与一切社交活动一样,都是与对方进行信息、情感交流为目的的双向互动、互补的过程。要达到交流的特定目的,不仅要看表达者的言语形式能否恰如其分地表情达意,还要看交际对象能否准确理解、乐于接受。

3. 习相近,趣相投

每个民族都有自己的风俗习惯,这些风俗习惯在特定时间和空间影响着社会关系的方方面面,主持人的传播活动当然也不例外。而其中对传播影响最大也最直接的是言谈举止间的礼俗传统。中国素称礼仪之邦,所以人际交流中的礼俗也特别多,它不但贯穿从见面到分别的全过程,而且涵盖交际的各方面。

4. 礼相随,情相融

儒家文化是中华民族的主要文化形态,而儒家文化的核心是重视为人之道,即修己安人,锤炼人格,它的标准就是"合礼"。对于礼的实质,孔子在《礼记·仲尼燕居》中记载说："礼也者,理也。乐也者,节也。君子无理不动,无节不作。"这就是说,在孔子看来,礼就是事情之理性,是不可不遵循的规律性,违礼则乱,礼是人们一切行为的根本规范。他认为礼的运用就在于"和"。《论语·学而》："有子曰:'礼之用,和为贵。先王之道,斯为美。大小由之。有所不行,知和而和,不以礼节之,亦不可行也。'"和,即和谐、适中、恰如其分。《论语·子路》："子曰:'非礼勿视,非礼勿听,非礼勿言,非礼勿动。'"这"四勿"正体现了这种价值观念。在中国古代,"礼"具有社会政治规范和行为道德规范的双重含义,对维系人际关系十分有益,所以说,"合礼"是中华民族重要的价值观念。因为"礼"是一切行为的规范,那么作为主持人的传播行为也必须符合"礼"的要求。

5. 意相会,理相同

在以卫星传送、高速信息网络交往的信息化时代,跨文化交流就显得越来越重要。我们不仅要学会与本民族人交流思想和情感,而且要学会和外国人交流思想和情感。只有通过畅通无阻的跨文化交流,才可能达到相互间的理解、沟通和信赖,才能共享人类文化成果。

第六章　主持人语言表达的艺术风格

作为一种艺术语言,显然是要讲求风格的。风格属于艺术美学范畴。但是如果从语言和言语区分的理论出发,它主要是指语言运用中各种特点的综合表现。如主持的时代风格、民族风格、地域风格、个人风格等等。

第一节　主持艺术的时代风格

马克思主义认为,艺术是一种社会现象,是一定社会的上层建筑。因此,时代风格往往是一定时代的社会精神的反映。播音主持艺术带有明显的时代特征,服从不同时期的宣传要求,发挥出时代需要的社会功能。从人民广播的不同发展时期和宣传任务来划分,大体上可以分为四个时期,即:人民革命战争时期、和平建设时期、"十年动乱"时期、改革开放时期。

一、人民革命战争时期

中国人民广播诞生在极其艰苦的抗日战争年代,激烈的阶级对抗、严酷的战争环境、壁垒分明的受众群体,都注定我们的播音风格必须是那种:爱憎分明、泼辣犀利、同仇敌忾的。正如毛泽东同志在战争年代曾经赞扬过的:"这个女同志好厉害,骂起敌人来义正词严,讲起我们的胜利又很能鼓舞人心,真是憎爱分明。这样的播音员要多培养几个。"从抗日战争到解放战争,人民广播的基本任务就是:宣传党的政策和主张,报道国内外的动向,有计划与有系统地宣扬我党我军与解放区的事业和功绩,揭发国民党的腐败黑暗统治并宣传与鼓励其统治区广人人民的民土运动。据早期延安新华广播电台的播音员肖岩同志回忆:当时中央军委三局的局长王诊对她说："播音工作可不是什么单纯的技术工作呀！而应该是一件头等重要的政治工作呀。我们就是要通过广播和敌伪展开空间宣传战,宣传党的方针政策,组织群众对敌斗争,争取抗战胜利呀！你是女大培养出来的干部,又是一名即将出征走上空间战场打击敌人的战士。党期待你在这个战场立战功啊！"广播宣传成为了人民革命战争开辟的第二战场,我们一方面要在军事上战胜敌人,另外还要做大量的舆论动员和宣传工作,宣传党的主张、揭露敌人的阴谋,充分发动群众为创建一个新中国而努力奋斗。在这样的战争年代和历史氛围中,播音员作为党的宣传员都有着强烈的历史使命感和克敌制胜的责任感。他们的每一次播音都是庄重的,都是一次战斗,都是在承担重大的政治任务。这是人民广播早期传统播音风格形成的主观条件。

二、和平建设时期

在新中国成立后的和平建设时期,我们的播音风格有了很大的变化,齐越、夏青、林田、潘捷、费寄平等一批著名播音艺术家的播音普遍都反映出一种豪迈庄重、热情奔放、刚柔相济、朴实清新的时代风格,既振奋人心,又鼓舞斗志。这一时期是中国共产党发动和组织全国人民恢复国民经济建设、贯彻执行党在过渡时期总路线,把新民主主义国家逐步改造成为社会主义国家的伟大历史时期。全国人民充满了建设新中国、当家作主的豪情壮志。但这也是一个国际、国内阶级斗争风云激荡的年代。一方面政治运动接连不断,如"镇压反革命""抗美援朝""三反五反""三大改造""反击右派""反对修正主义""社会主义教育运动"等等,此起彼伏。另一方面也掀起了社会主义建设的高潮,顺利完成了国家的社会主义改造、人民生活有所改善,国际地位得到了提高。在20世纪50年代初期,我们吸取了许多苏联的广播经验,在播音方法和风格上也受到了苏联广播的影响。我国的广播播音一度流行着一种自然、亲切的谈话风格,许多节目都很受群众的欢迎。特别是"各电台组织学习刘少奇关于广播应为群众日常生活服务的指示后,进一步认识到人民广播要为人民服务这一根本宗旨,而广播具有深入千家万户、密切联系群众的特点和优点。很多电台都开办了群众喜闻乐听的服务性节目,广播出现了可喜的多样节目特色和播音风格。这个时期播音风格的主要标志是对先进模范人物的通讯宣传,这些人物通讯播音中最具有代表性的就是齐越所播送的《县委书记的好榜样——焦裕禄》和《中国无产阶级先锋战士——铁人王进喜》。播音工作和其他创作活动一样,创作者总是生活在一定的时代和社会之中。这个时期的社会变革、政治斗争、社会风尚和艺术思潮等等必然要对创作者产生影响,从而使他的创作个性也烙下了深深的时代印记。一方面他们的创作活动总要反映一定时代、一定社会的生活内容;另一方面,这种具有时代和社会特点的内容,又必然要求相适应的表现形式。

三、改革开放时期

围绕党的十一届三中全会前后,播音开始逐步恢复常态。在党的十一届三中全会的指引下,我国社会状况发生了许多根本性的变化。不仅经济体制改革、发展生产力成为首要的任务,而且人们的社会观念在发生急剧的变化。1980年10月第十次全国广播工作会议上提出的"自己走路"的方针,解放了广播电视工作者的思想,调动了他们的积极性,激发了大家提高广播电视节目的创造力。

20世纪80年代初,广播电视中出现了一种新的节目形式——主持人节目:1981年元旦,中央电台对台湾广播由徐曼主持的《空中之友》节目率先问世。同年4月,广东电台由李一萍主持的《大众信箱》与听众见面。之后,四川、江苏、浙江、黑龙江等省级电台和一些市台也相继开办了主持人节目。中央电视台由沈力主持的《为您服务》节目,虽创办于1979年,但一直到1983年才成为设有固定主持人的专栏节目。迅速崛起的主持人节目,突破了广播电视节目的固有模式,使受众耳目一新。因此,主持人节目一时间成了广播电视界的热门话题,徐曼、李一萍、沈力等也成为知名度颇高的新闻人物。贯彻"自己走路"方针后崛起的主持人节目,给我国广播电视宣传带来了新的生命力。如果说主持人形式的出现是我们这个时代的需要,那么主持人风格的多样化则是主持人节目趋向成熟的标志。在这样的背景下,1981年全国第一次播音经验交流会提出了"降调"的问题。主持人节目中那种亲切自如的播音风格在全国产生了示范效应。1983年3月召开的第十一次全国广播电视工作会议成为全面推进广播电视改革开放的重要会议,它在"自己走路"的基础上,又提出了"扬独家之优势,汇天下精华"的发展方向,它是广播电视要"自己走路"方针的重要补充和生动形象的阐述。

20世纪90年代初广播改革掀起了第一次高潮,普遍实行以"大板块内容、主持人直播、开通热线电话"为基本特征的"珠江模式"。1992年10月上海"东广模式"首创"全天候直播热线电话节目",成为第二次广播改革的高潮。以后出现了系列台、专业台等等。以中央电视台为"龙头"的电视改革迅速崛起,《东方时空》和《焦点访谈》是这个年代众所瞩目的改革成果。"主持人现象"成为学界和业界共同关注的对象,在这种情况下,传统的播音风格受到的冲击和影响是极为深刻的,普遍出现了一种播音的"新风格"。有人就认为这种"新风格"的出现是时代的需要。如果时代的发展选择了"新风格",这只是说明传统风格已经完成了自己的历史使命。

改革开放后,广播电视的社会功能有了很大的变化,成为民主政治建设的一个重要窗口。在"三贴近"方针的指引下,我们的播音语言变得更加亲切、自然,增加了交流感和认同感。在这种政治大气候下应运而生的主持人节目,自然就成为广播电视"贴近实际、贴近生活、贴近群众"的具体实践。人们希望通过广播电视来增加社会交流和思想沟通的渠道,只有那种十分个性化、亲切、朴实的语言形式才能满足这种节目交流方式的需要。通过上述的分析,我们可以得出结论:各个历史时期大都具有一定的主导风格,而同一时期的艺术家在艺术风格上又表现出某种程度的同一性,这就是所谓的时代风格。

第二节　主持艺术的民族风格

语言民族风格是民族语言体系本身特点的集中表现。民族风格是民族精神和民族文化的结晶。根据民族风格,我们能够容易地区分出罗马式的教堂和哥特式的建筑,喇嘛的神庙和佛教的宝塔。伟大的俄罗斯科学家米哈依尔·瓦西里耶维奇·罗蒙诺索夫也曾经为自己民族的语言感到自豪,他说:"罗马皇帝查里五世曾经说,用西班牙语跟上帝说话,用法语跟朋友说话,用德语跟敌人说话,用意大利语跟女人说话,都非常适合。可是,如果他擅长俄语的话,那么他一定会补充说,用俄语来跟所有这些人说话都是非常得体的。因为俄语具有西班牙语的庄严、法语的生动、德语的坚强、意大利语的柔和。此外,它还有希腊语和拉丁语的优美、简洁和富于表达力。"虽然这些说法都在阐述各国语言的特点,实际上这也就是我们所说的语言的民族风格。那么汉语的民族风格是什么呢? 应该说汉语言是世界上最丰富、最发达的民族语言之一,和其他民族语言相比,它有自己独特的风格手段和鲜明的民族韵味,即:音乐性和简洁性,富有艺术表现力。这样的特点在汉语的语音、词汇、语法和修辞上都有所表现。

汉语的声、韵、调形成了具有乐感的语流。如汉语的音节没有复辅音,元音又占优势、乐音较多,容易合辙押韵,加之声调平仄起伏,所以能够造成抑扬顿挫的美感。汉语中双音节词占多数,不同词组间的轻重格式适当搭配也会形成节奏鲜明、朗朗上口、丝丝入耳的美感。

汉语词汇系统中特有的熟语,从三字格的惯用语、四字格的成语到整齐对称的谚语、俗语等,既简洁生动、又优美和谐,富有音乐性、民族性,并且具有浓郁的民族习俗和文化传统特点。同时从词义上分析,汉语的比喻义、象征义、借代义等最能表达汉民族的特色。汉语特有的构词方式也具有简洁、和谐的特点。

在语法关系上,外国语主要是通过词尾或助词的变化来维系的,汉语则主要是通过语序和虚词来表示的。因此它的短句多,语句显得顺畅、简洁、精练。

在我们的修辞手法中有对偶、排比、回环、顶真、复迭、反复、层递、错综、倒装、跳脱等,它们与语音中的音节协调,句式方面的整散结合,诗词格律的节奏和谐,就可以综合表现出汉语的形式美和风格美。如同著名作家老舍所指出的:"所谓民族风格,主要是表现在语言文字上。我们的语言文字之美是我们所特有的,无可代替的。我们有责任保持并发扬这特有的语言之美;通过语言之美使人看到思想与感情之美。"播音艺术的民族风格就是通过语言的民族特色来表现的,那种无视汉语言本身所具有的那种美感特点,一味追求"洋腔洋调""港台腔"等,是不可能传承我们自己的文化传统,也谈不上播音艺术的民族风格。

在主持人节目中,主持艺术的民族风格则是民族气质和文化精神的体现。民族气质和文化精神是相辅相成的关系,而这种民族文化精神主要就体现在"天人合一""以人为本""刚健有为""贵和尚中"等四个方面。主持艺术中的民族风格也必须体现这四个方面的要求,才是具有民族气质的艺术风格。

一、"天人合一"的文化理念

人与自然的关系问题,就反映出中西文化的基本差异。中国文化比较重视人与自然的和谐统一,而西方文化则强调人要征服自然、改造自然,才能求得自己的生存和发展。因此中国文化一开始就体现出"天人"关系的和谐统一,即"人"必须与"天"相一致、协调、和睦,它肯定了人与自然的统一,指出了人与自然互相依存的关系。如春秋时期,郑国大夫子产说:"夫礼,天之经也,地之义也,民之行也。天地之经,而民实则之。"(《左传·昭公二十五年》)他认为礼是自然界的必然法则,人们必须按照自然法则行事。

中央电视台 1994 年 5 月 11 日开播的《人与自然》,以"讴歌生命,关注环境"为栏目宗旨,融欣赏性、知识性和趣味性于一体,受到男女老少和不同文化层次的观众的普遍赞誉。大家对这个栏目的主编兼主持人赵忠祥别具一格的解说,留有深刻的印象。他对动物和自然都做了极为人性化的处理,把人与自然的关系描绘得如此和睦、融洽,常会使人感受到心灵的震撼。他的成功并不在于他具备了某个领域的专业知识,而是显现出了他人文精神中的民族气质。

中央电视台科教频道栏目——《自然传奇》栏目以引进、编译国外优秀节目为主,结合节目的主题化、系列化的选题及制作理念,聚焦动植物世界生命传奇故事、探寻揭示宇宙万象的神奇奥秘。精心打造一个充满神奇自然生命传奇、展现天文地理奇观魅力的平台,打造栏目的权威性、知识性和趣味性,加之以探索、解析的科学视角揭示、展现神奇自然的魅力。节目力求内容丰富、节奏感强、独具国际化特色。女主持人石琼璘天生俱来的阴柔美和女性魅力,与动物世界的野蛮杀戮形成十分鲜明的对比,这样的搭配使人们更感到自然界的无穷的魅力,"每个生命的背后都有一个精彩的故事,每个精彩的故事都是不朽的传奇。"

二、"以人为本"的文化情怀

众所周知,我们的民族文化具有超越宗教的情感和功能。也就是说,"神本主义"始终没能占据主导地位。在中国的传统观念中,肯定在天地之间,以人为中心;在人与神之间,以人为中心。人为万物之灵,天地之间人为贵,这是中国传统文化的基调。这在我们的主持艺术风格中应成为主基调。

《艺术人生》栏目是中央电视台在2000年年底推出的一档谈话类节目,极富人情味儿。这档节目的宗旨是:"用艺术点亮生命,用情感温暖人心,探讨人生真谛,感悟艺术精神。"特别是《秦怡专辑》那一期,感人至深。在做《秦怡专辑》那期节目时,按照栏目组的策划方案是节目最后给嘉宾过八十岁的生日,先把蜡烛点起来,然后把蛋糕分给大家,吃完就结束。当节目到这里时,主持人朱军总觉得心中有一种情感没有表达出来,于是他没有受预定方案的约束,而是根据现场气氛非常真情地对秦怡说:"秦妈妈,我能代表所有爱你的观众拥抱你吗?"得到秦怡的同意后,朱军和秦怡紧紧拥抱,两代人同时热泪盈眶。这个拥抱既表达了晚辈对长辈的敬爱之情,抚慰了一个伤痕累累的老人的心,又把节目推向了最高潮,带给了观众更多的心灵回响。这充分表达了主持人内心深处的"人本意识"和"人文素养"。

《鲁豫有约》栏目它表现为对每一个被访对象的尊重和关怀,对每一个人的生存状况平等体味和理性思考,通过鲁豫的访谈,更多是揭示平凡人的内在的精神、品格、信念、理想和尊严,所弘扬的是蕴于其中的质朴、坚韧、善良和互助的美德,而这正是人文关怀所坚守的人本身的真、善、美,这样的一些道德价值的存在正是社会健康发展所不可或缺的,由此而来,也就形成了其独特的采访风格。从鲁豫身上看到的更多的是自信,是睿智、优雅的主持风格。她的主持干净利落、自然清新。

三、"刚健有为"的文化气质

在处理人与社会关系上,中国古代思想家强调"自强不息""刚健有为""厚德载物"。这里"刚健有为"主要是强调个人对社会的责任感和历史使命感。《系辞下》说:"天地之大德曰生。天体运行,健动不止,人的活动乃是效法天,故应刚健有为,自强不息。"这种对社会的责任感和使命感激励着有志之士不断努力,对我们民族兴旺发达时期起到了重大积极作用。央视每年一度播出的《感动中国》被誉为中国人的年度精神史诗,这项活动以"感动公众、感动中国"为主题,展现那些为推动社会进步、时代发展做出杰出贡献,获得重大荣誉并引起社会广泛关注的模范人物。主持人白岩松、敬一丹的点评和介绍,都十分精彩感人,真正体现出了中华民族"刚健有为"的文化精神。譬如:对航天英雄杨利伟的介绍词中就说:"那一刻当我们仰望星空,或许会感觉到他注视地球的目光。他承载着中华民族飞天的梦想,他象征着中国走向太空的成功。作为中华飞天第一人,作为中国航天人的杰出代表,他的名字注定要被历史铭记。成就这光彩人生的,是他训练中坚韧执著,飞天时的从容镇定,成功后的理智平和。而这也是几代中国航天人的精神,这精神开启了中国人的太空时代,还将成就我们民族更多更美好的梦想。"

四、"贵和尚中"的文化精神

中国文化重和谐统一,西方文化重独立和对抗,由此形成了不同的文化传统。贵和谐,尚中道,是中国文化的基本精神之一。这种"贵和"思想,往往是和"尚中"之义联系在一起的。以儒家的《中庸》为这种教化的典范,以中为度,中即是和,是儒家和谐观的重要内容。"和"涵盖着"中","持中"就能"和"。汉代以后,历代思想家都认同了这种观念,并努力继承和实践这种文化精神。

《小崔说事》栏目是中央电视台 2003 年 7 月 5 日推出的一档由崔永元主持的电视访谈节目。访谈嘉宾既有政府官员、文体名人,也有普通百姓和企业家、外国友人。他总结节目的宗旨,是"告诉你一种不一样的活法",或者"展现一种不同寻常的生活方式"。现场观众充分互动,参与提问和讨论,在生动活泼的气氛中分享不同的人生体验、互相交流碰撞,从而得到不同的感悟。主持人崔永元的主持风格总会给人一种朴实、亲近、谐谑的感觉,多大的冲突和矛盾,总会在他轻松、幽默和真诚的话语中逐渐化解。整体风格轻松、随意,信手拈来,含蓄幽默而又意味深远。崔永元的主持似乎总是在给人一种稳健老成的感觉,让人的内心不那么的失望,给人一种解脱,能让人的心态变得平和,给人感觉是在交心和谈天,不会有压抑感。这样的主持方式中所透露出的就是"贵和尚中"的民族文化精神。

《年代秀》栏目作为全明星代际互动节目,将 60、70、80、90、00 年代的各类现象或特点欢乐呈现。这种益智类答题节目,主持人拿捏不准,或者反应稍慢,就成了知识竞赛。然而赵屹欧却以自己的机智幽默,寓智于乐,通俗而不庸俗,好笑而不搞笑,使人心态变得放松、平和。《爱拼才会赢》《南泥湾》《渡情》等这些耳熟能详的经典老歌,都曾在《年代秀》的舞台上出现过。在老歌新唱的环节,主持人会临时邀请在座的年代嘉宾中的几位一起用一种新的形式演绎老的歌曲,在怀旧的同时也增添吸引入的新元素。

第三节　主持艺术的地域风格

　　我国地域辽阔,文化纷呈,北有燕赵文化、关东文化、齐鲁文化等,南有吴越文化、岭南文化、湖湘文化、闽南文化、巴蜀文化等等,不同的文化区域都会孕育出不同的艺术气质和地域风格。在中国古籍文论诗话中对这种艺术的地域风格也曾有许多论述。例如唐代魏征在《隋书·文学传序》中指出:"……然彼此好尚、互有异同:江左宫商发越,贵于清绮;河朔词义贞刚,重乎气质。气质则理胜其词,清绮则文过其意。理深者便于时用,文华者宜于泳歌。此南北得失之大较也。若能掇彼清音,简兹累句,各去其短,合其两长,则文质彬彬,尽善尽美矣。"这里作者指出了南北词人不同的创作风格,希望能够取长补短、相得益彰。但也点明了客观上就存在的南柔北刚、南华北朴的地域文化风格。明代王世贞在《曲藻》中也曾论述过南北曲词不同的语言风格:"凡曲北字多而调促,促处见筋;南字少而调缓,缓处见眼。北则辞情多而声情少;南则辞情少而声情多。北力在弦,南力在板。北宜和歌,南宜独奏。北气易粗、南气易弱。此吾论曲三味语。"这也就是我们现在常常讨论的"曲分南北,调各声情"论的来源。这种南北风格不同的理论由文艺评论波及艺术的各个领域,在播音艺术上也都存在这样的区别,譬如上海电台的陈醇和天津电台的关山就是地方台比较有影响的播音艺术家,它们的播音既有鲜明的个人风格,也深受地域文化的影响。在各地的主持人节目中,个性鲜明的主持人也都不同程度地带有地域文化的特色。反之,粗犷、豪放的北方风格就未必能够适应吴越文化下那种细腻、委婉的社会心理。繁荣播音艺术,就应该提倡一种百花争艳的局面,播音艺术只有深深地植根在地域文化的土壤上,来充分汲取阳光、雨露和营养,才能获得无限的生命力。

　　地域文化呈现我们民族文化的多样性,俗话说:"十里不同风,百里不同俗,千里不同情。"就是指当地的民情风俗形成的地域文化现象。事实上,艺术风格中有很大的成分是来自于地域文化的滋养,"一方水土,养一方人"指的也是这层意思。中央台代表了我们国家、我们民族的最高水平,但是这并不意味着要排斥地方台多样风格的存在。当播音主持艺术风格中呈现出地域文化特色时,我们认为,这种艺术风格才会具有更高的存在价值和文化品位。因此我们提倡地方台应该更多地从自己的地域文化资源中汲取营养,努力形成那种不可替代的文化特色。也只有这样,播音主持艺术才会呈现百花盛开的多彩局面。北京电视台的《第 7 日》节目主持人元元曾深受北京市民的欢迎,大家除了欣赏她伶牙俐齿的新闻播报外,主要还是为她京腔京调的地域风情所吸引;上海具有典型大都市特点,他们有一个以曹可凡、叶惠贤为代表的主持人群体,具有鲜明的"海派"风格;天津电台主持人裘英俊以"相声形式"主持的广播节目《包袱抖不完》《每日相声》等,别具一格,深受天津听众的欢迎,这恰恰适应了当地擅长自嘲,风趣、幽默的社会心理;与我国北方文化形成鲜明对比的是江浙的吴越文化,他们往往会显示出明丽清秀的江南特色。这样的特点在广播电视媒体的形象塑造以及相应的主持人形象和风格上都有明确的体现,浙江电视屏幕中的朱丹,形象清新脱俗,恰似一朵散发清香纯净而美丽的茉莉花;广东电视台的主持人群体也成为了岭南文化的代表人物;湖南卫视主持人李湘、汪涵等曾经一起创造了湖南电视湘军的辉煌,如此等等。随着社会的日益开放和文化的繁荣发展,主持人的地域文化色彩也会显现出异彩纷呈的局面。

第四节　主持艺术的个人风格

风格的形成并不会一蹴而就,它是长期艺术实践的结果。马克思曾经引用法国评论家布封的话说"风格就是人"。这就是说,艺术家的风格主要是他的思想品格,或者说,是他在作品中集中体现出来的创作个性。由于它们的生活阅历、思想性格、审美趣味、艺术才能以及文化修养等不同,它们在主持语言的运用上,就会表现出与众不同的艺术特色。主持这门艺术在观察社会和表现生活的过程中,如果没有自己独特的感受、观察的视角,没有自己富有特色的表现手段和艺术语言,而仅仅就事论事地纯客观陈述或者表面地描摹,缺乏对事物深层的表现,他就难以显示出自己的创作个性,在创作中也就没有"我"的存在。

主持人的语言形象就更加讲求个性化,譬如,白岩松的犀利、水均益的敏锐、敬一丹的凝重、崔永元的幽默、朱军的洒脱、李咏的俏皮等等,这些都给大家留下了很深刻的印象,并形成了他们富有个性的主持风格。下面以杨澜和周立波的个性风格为例说明。

一、杨澜——简洁明快、睿智晓畅

杨澜在主持节目时,语速比较快,明快直接,直抒胸臆,脱口而出的话语总能一语中的,充满灵气。杨澜的个性语言特点有两个:一是简洁明快;二是睿智晓畅。杨澜在节目中同搭档讲笑话或者讲故事,不像一般的娱乐节目一讲下去就滑向低谷,而是具有一种女性的智慧在语言里,不显山露水,而将趣事与典故结合,说得活灵活现。杨澜还善于巧妙地抓住对方思考间隙的时间差,把握插话的时机,机敏灵活,显出思维的智慧。此外,杨澜在节目中能将道理总结的清晰明白,将看似浅显的道理讲得深刻明白,杨澜也因此被媒体称为"中国最智慧的女人",但她的智慧并不咄咄逼人,而是能给人带来温暖和力量,她接受采访时说:"女人具体做什么是次要的,她要能让周围的人感到一种温暖、温情和力量,在这其中她也体现出自己独立的人格、尊严和价值。"

二、周立波——语言风趣、通俗幽默

《壹周立波秀》的主持人周立波是海派清口的创始人,海派清口的语言特色在《壹周立波秀》显露无遗。周立波说着一口不太标准的上海普通话,语言风趣、幽默、通俗,常常正话反说,批评讽刺、调侃揶揄,虽涉及到国计民生、政治体制、思维习惯、社会恶习等,但尺度拿捏得十分到位,绝不超越底线。例如,周立波在节目中谈到"官员腐败"问题,就用一个比喻"一个饿了三天三夜的人,你让他去看守一家馒头店,而且是肉馒头,就他一个人,还是在夜里!你说说会有什么结果?如果他要是不去偷吃,那得要多么大的、多么高尚的、多么变态的意志力,多么强悍的马列毛思想支撑,才能不伸手?"……这些幽默的比喻和略带调侃的反问语句,将问题分析得深入浅出。又如,很多人将其在节目中的语言总结出来成为"周立波语录",并在网络上广泛传播;例如"今天不努力,明天做奴隶""人生就像高压锅。压力太大的时

候自己就熟了。"从这些他随口而出的话语中,可以看出他的语言十分通俗、押韵、俏皮、幽默、易记、有趣。周立波在讲话时,常常一人模仿不同角色的讲话方式,丰富故事的情境,增加语言的画面感,富有感染力。周立波的个性语言具有通俗、幽默、俏皮、有趣的风格,配合具有表现力的肢体语言,能体现出独特的感染力。

第七章　全媒体时代下
主持人的转型升级

第一节　全媒体时代的背景

一、全媒体概念界定

全媒体(omnimedia),经国外数据库以及外文期刊搜索,只作专有名词出现过,而并没有被国内外官方学术界作为新闻传播学术语认可。它最初源于一家成立于1999年的名为"玛莎·斯图尔特生活全媒体"的美国家政服务公司。这是一家同时包含报纸专栏、书籍、杂志、广播、电视、网站等多种媒体形式在内,并统一进行管理,进而宣传和推广自己的家政服务和产品的所谓"全媒体"公司。多媒体,指组合两种或两种以上媒体的一种人机交互式信息交流和传播媒体。在某种意义上来说,全媒体其实不可能做到完全的"全",而是一种概念上的方向和趋势,全媒体是一种以"全"为理想化目标的多媒体,多媒体与全媒体在某种意义上具有近义词的关系。然而,这家家政公司自己可能都没有预料到,这种具有一定超前意识的全媒体思路竟无意间道破了传媒业巨变的天机。当时的全媒体还处于尝试发展的阶段,它拓展的只是媒介形态的种类,而忽略了传统媒体与新媒体在所谓全媒体时代中的融合现象。

从通信信息传播的主体来看,全媒体实际上还有另外一层含义,即媒体信息发布的全面覆盖,全媒体是媒体从业者处于对传统媒体形式上的衰落所采取的主动应对,通过前期的采编、制作到传播全过程的再造,以实现各种媒介之间的融合和媒体实时信息发布渠道的多样性,使得大众能获得更快时效、更多层次、更多感官满足的媒介体验。所谓的全媒体所体现的不仅是跨媒体时代中各个媒体间的简单链接,而是网络媒体与传统媒体、甚至是移动媒体的交融共生。全媒体所要实现的是覆盖面最广,媒介载体最多,技术手段相对多样性,传播达到受众面最广的目的。深入地研究全媒体,就会发现,所谓的全媒体并不仅仅是一种技术层面上的改革和创新,它同时也是一个传播媒介的媒介文化在不断的上升发展的过程。我们看到,各种媒介技术的相互交融,已经改变了传统的媒体提供信息,受众被动接受的消费模式。各种媒体信息传播的方式由单项转为多项,由受众被动选择变为主动选择和接受。显然,媒介融合所牵涉的范围广泛,既可以发生在同一个媒体中,也可以发生在不同的传播媒体集团之间。媒介融合的最终结果并不是将所有技术统一到一种媒介当中,而是在相同的一种媒介里我们可以做到让其包含所有传统和新兴的技术和理念,让它们相互交融,便捷受众。

二、全媒体时代传播特征

(一)各媒介之间的交融和互补

基于全媒体,可以有两种理解,首先全媒体是全面而完备的,是指传统媒体和新兴媒体的总和,它包括了众多单一的媒体。其次,全媒体又是整体合一的,它是一个集体集合的概念,是随着丰富的信息技术和通信技术的应用,不断的发展和普及的,它所体现的是不同功能和不同形式的媒体相互交融、互动发展的态势。简单来说,形式上看,全媒体是在不同类型的媒介之间相互交融和转化的;内容上看,全媒体的信息渠道多元化,可以多角度的加工信息进行报道,也可以运用兄弟媒体间的优势资源完善和充沛自己的媒介资源;结果上看,全媒体的信息内容和发布方式丰富多样,可以在多个平台上共享同一新闻或信息主题。全媒体时代又具有非常典型的"融合性"特征。当下全媒体的价值特点体现在几个相关方面,首先,当下的全媒体是个庞大的媒介载体体系、媒介内容体系和媒体技术平台的多功能集成者:从全媒体媒介传播的工具上来分析,可以分成纸质的平面媒体和影音的立体媒体;从全媒体媒介传播的影响上分析,它又影响了人们的视觉、听觉和触觉的全部感受器官;从支持的技术平台来分析,它包括了网络协议、电信协议中的 GSM、GPRS、WAP、3G 乃至于 4G 和流媒体技术等。其次,全媒体并不排斥任何单一媒体的作为,在全媒体中,作为重要组成部分的单一媒体发挥其重要的作用,通过单个媒体自身的传播特点和价值优势可以促进其他联盟媒体更好的发展和融合。第三,全媒体中的一个"全"字充分的展示了对广大电视观众接收信息的覆盖程度,由于传播面的广泛,所以它几乎是无孔不入地钻进每个自然人的生活里。最后,全媒体可以针对不同的受众需求及节目导向类型,在不同媒介中寻找到最适合的载体和渠道,实现传播效应的最大化,以及信息的最大到达率。传统媒体要从网络、手机、移动电视等新媒体的崛起中吸取经验,把握这个时代发展的潮流和脉络,密切跟踪通讯技术手段的更新换代,努力提升自身战略和核心竞争力。而新媒体,尽管作为后发者有着与生俱来的活力和创新,但其所面临的挑战也更加严峻。

在我们这个全媒体时代,新兴媒体与传统媒体之间是既独立又相互渗透的关系,双方通过相互交融,对已有的新闻资源、媒介资源及受众资源共同进行有效的开发。

(二)各媒介间的全方位竞争

发展势头迅猛的新兴媒体正在不断蚕食着传统大众媒体的固有领地。进入新世纪以来,大众传媒间的竞争战火,已经从印刷出版物、广播电视之间的互相竞争,蔓延到了多媒体、网络和广播电视、印刷出版物两大阵营间,新兴媒体的崛起对于将来传播媒介的格局必将产生重大而深远的影响,这是一把双刃剑,除了对传统媒体具有挑战外,它还将促使传统媒体对自身的内容产业进行转型升级。现在如果抛开附加在各种媒体身上的外部属性,考察其本质的话,就可以看到,新兴媒体的最大优势就是信息传递的容量以及高速传播的时效。对于新兴媒体来说,它可以很方便地借助于网络和户外大屏,或者是手机来进行相对快捷的人际传播。而传统媒体则受限于传播载体,无法达到这样的效果,对于大众传播中最重要的时效性和信息容量来说,这样的缺陷无疑是致命的。当然,在现阶段,从传统的"他媒体"到以论坛、博客、微博为代表的"自媒体",新兴媒体也存在着诸如信息繁杂,真伪难辨的缺点,但一旦新兴媒体与传统媒体之间的竞争转变为密切交融,取长补短的话,那就将把我们真正带入一个前所未有的全媒体时代,其带来的影响不仅限于传播界,还将对整个人类社会的政治、经济、文化、军事带来深远的影响,而这样的变革几乎是一种天翻地覆的力量。

(三)媒体的报道方式方法正在发生变化

在全媒体时代,新闻传播机构的消息来源更加丰富,新闻采访和新闻传播的手段趋于多样化,新闻采编机制发生了许多微妙的变化。在这种情况下,公众对以单向传播为主的传统媒体的依赖度呈下降趋势。借助新媒体,传播方式开始从以往的单向传播,发展到现在对等的、双向的、多元的传播,受众与传媒之间的双向交流更加直接易行。

三、传播媒介发展中的节目主持人

电视媒介发展到一定阶段产生了节目主持人,它产生于电视媒介的有效传播中,之前那种信息传播的被动和消极模式被主持人个性化、人格化的表达方式所改变,与此同时,这也弥补了电视语言长于具象、拙于抽象的弱势。纵观广播电视近百年的发展历史我们不难看出,广播电视媒介发展是主持人产生和发展的前提和基础。主持人作为广播电视媒介的传播主体之一,其产生和发展与广播电视的产生和发展亦步亦趋。

在传统广播、电视媒介的范畴内,主持人大致分为广播媒介播音员与电视媒介主持人,并且播音员伴随广播事业的发展先于电视节目主持人而出现,从某种程度上来说,主持人脱胎于播音员。全媒体的时代背景下的广播电视媒介都有相当程度的转型,但是由于电视媒介涉及的媒介种类更为多元,电视在相当长的一段时间创造过更具有社会影响力的价值,虽然在媒介发展历史的概述中对广播会有所提及,但是本文论述对象主要限定在电视媒介的节目主持人范畴内。

（一）电视节目主持人的类型

1.按照岗位职能分类

（1）纯粹的电视节目主持人

纯粹的电视节目主持人是指单纯的以有声语言进行二次创作主持电视节目的主持人。这样的主持人,每天到所供职的电视台上班,所要完成的就是将记者稿件的配音部分进行二次创作,用有声语言的形式准确的将稿件的文字内容形象地展现出来,再将配音稿件交还给记者,记者到非线性编辑机房,依据主持人的配音对稿件进行画面编辑。在节目需要录制或直播的时候,导播会将所有当天新闻的导语串联到一起,主持人只需要在摄像机面前职业的完成导语或简讯的播报即可。这样的电视节目主持人相对更加纯粹,把自己的专业技术和文化修养巩固加强就能长久的工作下去。

(2)身兼领导职务的电视节目主持人

在我国,身兼领导职务的电视节目主持人从中央台到地方台比比皆是。小到栏目的责任编辑、制片人,大到频道的副总监、总监。毋庸置疑,这样的电视节目主持人是有能力的,不仅专业技术过硬,而且还有处理日常行政事务的能力。这样的主持人见多识广,人脉资源丰富,既可以为电视观众服务,也可以为自己所供职的电视台服务。这样的主持人往往是整个栏目的选题确定人,具体策划人,更是栏目的主持人和把关人。他们可能不会亲自去采访每个节目内容,然后回台写稿编辑。但是他们不会脱离采编一线,当有重大事件需要现场报道的时候,他们往往会冲在第一线,全程拟提、播报、剪辑。他们有权利和能力对自己栏目记者的稿件进行修改,甚至是放弃播出。这样的电视节目主持人已经不仅仅是单纯的只主持电视节目的主持者,而是整个节目的主导人和操控人。

(3)兼有广告创收任务的电视节目主持人

兼有广告创收任务的电视节目主持人要独立承担自己栏目的一部分广告创收任务。所谓的广告创收,就是为自己所供职的电视台或自己所身处的栏目通过有偿电视广告的形式完成节目经费来源的一种创造性的收入。这样的电视节目主持人除了要具有纯粹的电视节目主持人的岗位职能外,还要担当起电视台广告业务员的创收任务,完成上级下达的广告创收业务指标。相对来讲,这种电视节目主持人所接触的大部分人都是广告客户,所采访的也都是在电视台做广告的一些商家,回台编辑、制作、播出的节目也都是带有植入性的广告内容。所以,这种电视节目主持人不仅要将自己的节目主持好,而且还要兼顾到广告客户的要求和节目的收视率,平衡好受众和植入性广告之间的荧屏交流。

2. 从本质属性上分为五类

(1)在电视新闻类的节目中,节目样式的变化,为新闻节目主持人的类型划分确立了不同的标准,大体有四种类型:时政型的电视新闻节目主持人、杂志型的电视新闻节目主持人、大型新闻访谈节目的电视新闻节目主持人和互动交流型的大型新闻论坛电视节目主持人。在我国,新闻节目承担了引导精神文明建设这个重大的责任,所以新闻节目所选用的主持人所发出的言行都是具有一定影响力的。

(2)在体育类的节目中,体育类节目主持人又分为:新闻型的电视体育节目主持人、各项专业体育运动的电视体育节目主持人和电视综合型的体育节目主持人。

（3）在电视教育类的节目中，常规的理解，大致分为科学方面、财经方面、法律方面和文化方面几种不同的类型。

（4）在电视服务类节目当中，电视节目主持人又可以分为综合型的电视服务类的节目主持人和指向型的电视服务类的节目主持人。

（5）电视儿童类的节目中主持人不仅需要有较强的专业能力，还需要有丰富的综合能力。我们知道儿童节目的收视观众是个固定的群体，这类节目一定要有正确的价值观来引导和教育儿童，让孩子们在寓教于乐中收看电视节目。

（二）电视节目主持人的基本要求

广播电视语言传播，主要指的就是"有声语言创作"。把这六个字拆开来看，提及有声语言，往往包含着副语言；而创作，往往是指把书面语言转化为有声语言，或者把内部语言外化为有声语言的创作过程。"有声语言创作"包括三个维度：话语权力的显性、隐形维度；语言功力的功底、能力维度；表达典范维度。在这其中，不仅有语言样式，还要有语言所要传播的观念与所要关注的传授关系和经验，又要有丰富的文化蕴涵与美学追求。

1. 语言的传播者——表达

在广播电视的语言范畴内，无论是社会语言还是媒介语言、有稿播音还是无稿播音、书面语言还是口头语言，都需要表达才能展现。播音语言即属于广播电视语言的口头形式，也是一种重要的媒介语言。语言表达能力对于节目主持人来说至关重要，它既是提高节目质量、实现节目有效传播的重要因素，同时主持人语言也是节目的重要载体。主持人是播音语言的使用者，广播电视面向社会大众，播音语言与生活中的语言有所不同，因此对节目主持人有一些特殊的发声要求：要提高口腔控制力，达到"准确、清晰、圆润、富于变化"的艺术效果，要充分掌握播音内部技巧"情景再现、内在语、对象感"与外部技巧"停连、重音、语气、节奏"，从而完成顺畅、完整的表达。

2. 思想的传递者——底蕴

节目主持人通过话筒传递的不仅仅是声音，更是基于一定类型的节目所赋予的所要传递的主旨。播音的正确创作道路中也要求创作者需要具有一定的新闻敏感性,要准确把握国内外形势的发展变化和人民群众的思想实际,如果不具有高水平的文化底蕴和品位,便不具备成为一名合格节目主持人的条件。在节目中主持人需要根据自身的文化素养发表个人独特见解,表达节目内容。"从听众的角度,要让他们觉得节目既不是阿谀奉承、投机取巧,也不是纯粹的说教节目,而是潜移默化地给观众进行文化传播与信息的渗透。"在全媒体时代,由于受众需求的变化,节目主持人在节目当中所呈现的思想与内涵则显得更为重要。

3.情感的交流者——沟通

"信息的共享性"是传播学当中的一个重要原则。节目主持人追求的是一种"双向交流"的传播效果。有效的传播应该是一个双向的过程,只有不断调整传者与受者的关系,形成双向交流,才能达到有效传播的信息共享的目的。在大众传播过程当中创造"交流情境"是所有节目主持人努力的方向。因此,我们很容易理解,节目主持人的"人格化""个性化"的展现是由于真实情感交流的需要,人格即是魅力、个性即是真实。

第二节 全媒体时代主持人的特征与发展瓶颈

一、全媒体环境下节目主持人特征分析

(一)个性化凸显,复制型主持人时代终结

节目主持人的个性化主要通过语言表达、思想底蕴、服装造型、气质涵养等方面因素共同呈现,它是节目主持人内在的一种外化和延伸。主持传播的个性化主要表现在两点:其一,主持风格个性化;其二,主持传播的内容形式个性化。个性不仅是节目主持人自身的符号,也是受众对观看的节目、频道、电视台进行筛选的重要标准。全媒体时代里,传统媒体一家独大的地位受到动摇,众多媒介每天都会生产大量的媒介产品供消费者进行选择,没有个性的节目就如同茫茫大海中的一颗沙砾,很快就会被人们忽视而沉淀海底。

具备独特个性和风格的节目主持人是节目收视率的重要保障,反之复制化的主持风格则失去了节目在这一方面的竞争优势。在互联网盛行的今

天,有很多网络媒介上的媒体单位制做出了一批受观众喜爱的网络自制节目,其主持人就具有鲜明的个性化特征。例如:爱奇艺推出的网络自制综艺脱口秀栏目《奇葩说》自2014年推出后便赚足了年轻人的眼球,其中由三位"60后大叔"级导师马东、高晓松、蔡康永组成的"马晓康"导师天团就以独特的语言风格从众多网络节目当中脱颖而出。特别是担任本档节目主持工作的马东,这位从正儿八经的传统媒体走出来的节目主持人,在节目中既展现出专业主持人具备的优秀的控场能力,又展现出恰到好处的插科打诨的搞笑功力。值得一提的是,马东在节目中创造了全新的赞助广告创意播报法,并且在节目进行过程中毫不突兀的穿插进相同的广告语言,这让原先枯燥无聊的主持人播报广告环节焕然一新。《奇葩说》因为这三位主持人的存在而形成了自己独特的个性风格。

(二)专业化较强,通吃型主持人面临挑战

说到节目主持人的专业化,不得不提及一个美国学者拉扎斯菲尔德提出的传播学的概念——"意见领袖"。"意见领袖"是指活跃在人际传播网络中,经常为他人提供信息、意见、评论,并对他人施加影响的那部分人,是大众传播效果的形成过程中的中介和过滤环节,对大众传播效果产生重要的影响。他们在关系上与受传者是平等的,是与我们共同生活并受大家信赖和推崇的"自己人",同时也是大家公认的具有一定社会经验,并且能够提供有价值意见的具有一定影响力的人物。广播电视当中存在着不同类型、内容的主持人节目,它们所涉及的领域与内容不同,相对应的节目主持人需要具备的社会背景也完全不同。必须具备的是,广大观众希望他们在节目所涉及的领域具备一定的权威和地位,这种权威换句话说也就是节目主持人所具备的知识储备、经验与人格魅力。

何为"专业化"?这里所指的专业化不是"职业化",不是你必须是专业播音主持艺术院校的科班毕业出身,不是你拥有普通话一级甲等的资格证书,这些都仅仅表明你具备了作为专业主持人的资质和资历。全媒体时代强调的"专业化"更多的是一种"专家化",强调传播信息的权威性和解读方式的独特性。文化大发展大繁荣使得文化消费更多的趋向于专业化,现在社会上出现了越来越多的所谓"专家",因为知识的获得渠道越来越方便快捷。因而,节目主持人必须提升节目的专业化程度,以此顺应文化消费的观众的信息需求。现在更多的节目要求节目主持人参与进节目本身,与嘉宾和观众进行现场的互动,这就需要节目主持人在节目的整体性和专业性上对节目进行把控,充分做到内容专业化和形式专业化的统一。

二、全媒体时代节目主持人的发展瓶颈

(一)"去主持人化"

在传播行为里,主持人责任重大,不仅传播信息,还要接受反馈,从而建立双向交流关系,同时还要用心倾听、调控节目流程、"议程设置"。然而随着全媒体时代对传统媒体的冲击,电视节目由主持人为中心的"主持人化"转变为"去主持人化"。"去主持人化"又被称为节目主持人的"隐匿性"现象。这种"隐匿性"主要表现为职业或者非职业主持人在电视节目中所起到的串联、引导、过渡作用被逐渐弱化甚至被去除。节目主持人在节目中逐渐处于失语状态,然而这并非主持人自身的失职,而是导演组在准确把握节目样态和受众心理的前提下,对节目元素进行简化与优化处理的必然结果。

近些年来,真人秀节目可谓当今的主流现象级节目类型,像《中国新歌声》《奔跑吧兄弟》《爸爸回来了》等真人秀节目都在收视率上创造了新高。然而在类似的真人秀节目当中,我们都看到了"去主持人化"的现象。

究其原因,首先,"去主持人化"现象的产生与全媒体时代激烈的竞争环境有关。如今受到新媒体巨大冲击的传统媒体在参与内容竞争的同时,还需要对节目的外在形态进行调整,这是一种对以往固定节目模式的弱化。过去较为单一的节目形式必须不断创新节目形态才能吸引更多受众的目光。其次,"去主持人化"也是为了满足观众的收看心理。受"快餐文化"理念影响的观众厌倦节目主持人的频繁出镜和冗长的串联词,他们更倾向于观看直观、简洁的电视节目。

从节目主持人的角度出发,这种"去主持人化"可以凝练主持人在节目中的话语内容,减少废话,提高有限节目时间内的信息价值,主持人自身的工作量也可以大大减少,从而将更多的精力关注于节目的其他环节;但是主持人也因此减少了出镜率,使用语言的机会减少了,类似的节目更倾向于选择知名度较高的主持人参与节目,年轻主持人缺乏施展才华的机会和空间。

(二)"泛主持人化"

泛,首先指类别的多样性。如今的节目主持人已不再限于传统意义上节目串联的播报员,它包含着更多的多元化的类别,例如出镜记者型主持

人、新闻评论员、编导型主持人等专业型主持人,这些从本质上来说虽然也属于主持人范畴,但是从节目中展现的语言样态和风格上来看,具有了其他媒体工作者的职业性质和特点。

此外,泛,亦指来源的广泛性。当前,"跨界主持人"随处可见,尤其是在各大综艺栏目中。无论是传统电视媒体还是网络媒体,最受老百姓喜爱的还是综艺节目,所以有言道"得综艺者得天下",尤其是各大电视台作为传统媒体,为了获得广泛的受众群体,赢得可观的经济效益,自然不会放过综艺节目的竞争空间。在综艺节目日渐复杂的节目内容里,各种娱乐元素在节目中通过不同方式呈现,因此传统的科班出身的专业主持人在综艺节目当中失去了原有的优势,"跨界主持人"却赚足了人们的眼球。在跨界主持人的概念里,根据主持人的职业属性为标准进行划分,主持人被分为专业主持人和兼职主持人即"跨界主持人",这其中包括了演员、歌手、学者、模特、网络红人等各行各业具备一定知名度,本身未经过播音主持专业培训的人员。

如果说"去主持化"挤压了传统主持人的生存空间,那么另一个残酷现实是,越来越多其他行业的优秀人才开始"跨界打劫",抢夺主持人的工作机会。如今,"唱而优则演,演而优则主持",这句话形容当前的中国电视节目主持人队伍再合适不过了。早期的电视节目主持人往往来自科班院校的播音专业,他们往往有着青春靓丽的外表、字正腔圆的语音面膜、浑厚不失甜美的嗓音,伴随着电视媒介的发展,受众的品位和期待也在不断变化,其对于电视节目的选择空间不断变大,主体意识增强,对于电视节目的要求也越来越高。他们在期待节目主持人有良好的外形的同时,也希望有其他的观看收获。

"泛主持人化"现象的出现改变了中国电视主持人队伍千篇一律、缺乏个性的状况,它使得节目主持人能把自身特长与节目完美的进行融合,从而创造更为丰富的主持风格,提高了节目的收视率,满足了广大受众的审美需求。但是部分"泛主持人"并没有承担起主持人应有的职能职责,仅仅将节目当作增加自我曝光率的舞台,过分炫技有失真诚;另外,"泛主持人"的不稳定性对品牌节目的创立和长期生存产生阻碍,对媒介资源形成严重浪费;此外,部分科班出身的专业主持人过于功利,对于"泛主持人"过分包装的语言风格一味模仿,这很大程度上影响着专业主持人的职业道路的发展。

第三节　全媒体时代主持人的转型和升级

一、主持人正在进行角色转型

从用户争夺,到广告分流,新媒体的发展壮大逐渐形成了与传统电视媒体正面竞争的态势,正逐步分流电视的传统媒体受众人群。作为传统强势媒体地位的电视正受到巨大的冲击,转型的压力较大。对于传统电视媒体而言,只有不断推陈出新,充分利用自身平台,多角度与新媒体进行融合,才能创造传统电视媒体在全媒体时代的发展空间。伴随通讯技术的逐步发展,随之发生变化的还有信息的采集和处理方式,因此,人才是目前传统电视发展新媒体的瓶颈,也是实现融合转型的关键环节。身处传统电视媒体中的重要制作环节,电视节目主持人也需要在新的媒体环境中,尽快掌握新的技术,在全媒体时代环境中进行应用,逐步转型为复合型人才的电视节目主持人。因此电视节目主持人从传统媒体当中诞生,必将顺应全媒体时代背景,逐步转型升级为与媒体环境要求相对应的全能型复合传媒人才。

在全媒体语境下,因为身处全媒体的环境中,电视节目主持人有了转型的原动力,不再是电视节目中单纯的播报者或主持人,而是以记者和编辑的视角担当起综合型的电视节目主持人的角色。电视媒体为了提高效率,更深层次的剖析新闻事件,会选用具有记者、编辑和主持人多重能力和身份的人到最重要的第一线,将以最及时的状态获取新闻信息,加工整理信息内容,组织语言传达播出。这种方式在我国的凤凰卫视最为常见。很多凤凰卫视获取的独家的一手材料和信息都是来源于有胆有识的前线媒体工作人员采集、加工和整理的。而这些前线媒体工作人员多为凤凰卫视的电视节目主持人,因为他们具有记者和编辑并不具备的有声语言准确传达信息的能力,又因为他们同时具有记者的采访和编辑的制作能力,所以最容易获取并传播信息。全媒体环境中的电视节目主持人在时代和环境的转变中,将逐渐转型成全能型的电视节目主持人,准确的说是电视媒体的从业人员。另一角度,电视节目主持人所供职的电视媒体的传播平台也正在转型。我们知道,电视早已走进了千家万户,我国电视观众广泛。但是,在现今的全媒体时代下,电视节目主持人工作的传播平台也正在发生变化,现今已经不再是通过一个电视台拥有多个电视频道的经营管理权而统领天下的时代了。因为全媒体的环境里,新型的媒体正如雨后春笋一样迅速成长。像我们在公交车上看到的移动电视,它是以数字地面广播技术传播电视节目的新型的媒体。因为移动电视可以在移动中接收,所以,除了公交车,我们在地铁和火车上也能看到移动电视节目。还有网络电视,我们可以通过网络在线收看各种点播和直播的节目,听广播,玩游戏,等等。手机是当今日常生活中人人必备的一样重要的通讯工具,现在,手机不仅具有基础的通讯功能,还可以通过手机的屏幕来收看电视节目、浏览各种网页、在线下载游戏等等。以上的多种电视节目的传播平台让传统媒体里的电视节目主持人形象不仅仅出现在电视上,还可以出现在移动电视、互联网视屏和手机屏幕上,新媒体技术的发展和创新,必将会带领电视节目主持人所主持节目传播平台进一步的开拓和优化。未来的电视节目主持人的话语是话语选择和话语构建的两个拓展的体现,新闻的发生和来源并不是排列好等待媒体从业者去拿来即用的,我们需要将客观世界里复杂的新闻信息和信息产品系统化、有序化,让其有逻辑性的以知识体的方式存在。电视节目主持人应当适应非电视媒介节目的播出方式。视频直播已经成为上网用户和手机用户的新选择,视频新闻成为全媒体时代的主流样态为时不远。2008 到 2009 年之间,依托传统媒体创办的中国国家网络电视台、新华视频专线和新华手机电视台等相继开播或开通,网络平台和移动终端成为传统媒体迎接挑战的主要传播渠道。在传统的电视节目主持工作中,主持人只需要为单一的节目形态提供节目流程和主持内容,而全媒体环境下,则要求主持人要具有记者的素养,同时要照顾到音视频等多种叙事方式的文本,也要熟悉和了解各种传播渠道的差异与功能,更好地采集和制作符合不同媒介传播形式的信息产品,这就意味着自身媒介角色发生了改变。

二、全媒体环境下节目主持人转型升级角色定位分析

(一)提高媒介互动意识

主持人是整个节目制作团队当中的核心、支柱人物,他全权把握节目的总进程,深入参与节目制作,具有很大意义的主导作用。现在越来越多的广播电视节目、栏目都是由主持人担任节目的策划人和制片人,他们不仅是节

目的组织串联者,而是同时承担节目前期的创意、策划、后期品牌的推广营销。这种变化也将"专业主持人"和"泛主持人"作了一定的区分,他们凭借自己的专业知识素养和长期的媒体工作经验完成了比节目主持更为专业、复杂的工作。例如央视主持人白岩松,湖南卫视何炅、汪涵,江苏卫视孟非等都是国内出色的全能型主持人,他们在担任节目主持人的同时也都担任着许多知名节目制片人和策划人的职责。2014年湖南卫视火爆全国的亲子真人秀栏目《爸爸去哪儿》中,主持人李锐就是一个参与节目前期策划、录制到后期播出全过程的角色,尽管节目中本人实际出镜时间并不长,但他能够对节目的每一个环节都有更深层次的了解,对节目有更多自己的理解和想法。这有利于主持人作为节目重要制作成员对节目内容进行巧加工,从而呈现更好的节目效果。

主持人告别以往单一角色,融合播音员、主持人、编导、记者、制片人、策划人等于一身。在节目中主持人必须考虑怎样加强节目与观众之间的交流,怎样加强节目之间的衔接与过渡。在个人形象上,必须考虑主持人个性与节目的风格的协调,主持人与节目其他成员之间的配合。在品牌推广方面,必须考虑主持人的社会形象、人格魅力等。此外,在准确传递节目所要传达的基本信息之外,还要注重形成自己的独特风格,这有利于培育具有长期收视群体的品牌节目。其实,无论是广播播音员还是电视主持人,他们都是节目的最后一道接力棒,用自己的专业技术和能力最终将节目呈现给受众。节目主持人应强化自己媒介互动的意识,在全媒体背景下的互动应该在与受众互动的基础上加强自身对于媒介之间不同功能以及各自优缺点的互动,使得节目主持人成为不同媒介之间交流的桥梁和纽带。

(二)答疑解惑

新闻媒介的权威性和新闻事件的重要性极大地提高了新闻发布者——节目主持人的社会地位,成为受人瞩目、令人敬佩的媒介人物。节目主持人的社会地位是由媒介选定的,但在全媒体时代,选定怎样的主持人最终的决定权是交予受众手中的。网络环境形成后,人们因为兴趣爱好、价值观念的各不相同形成志趣相投的社会群体并在新媒体环境中寻找自己的意见领袖。节目主持人既能反映群众的意见也能满足大众的要求,自然是最佳人选。全媒体时代里节目主持人将会是分属于不同社会群体中的意见领袖,实现一对一、面对面的交流与互动,以个人的专业素养知识为大众群体提供咨询和服务。在信息爆炸的社会中,多媒体为人们提供了海量的信息选择范围,筛选合适的信息也变得更有难度,因此我们不但需要熟练掌握信息加工处理技术,也需要专业权威人士相助。例如人们会在面对海量网络信息而不知所措时向网络中的媒介人物求助。网络节目主持人此时已不再仅仅是传递信息节目的串联者,他们以自己专业化的学识和综合处理能力赢得了较高的威望。节目主持人取得意见领袖地位符合现代传播学理念,也是需要付出艰苦努力的,而受众所看重的也恰恰就是主持人这种广见博闻的能力。从未来的发展方向上来看,全媒体时代的节目主持人,是众望所归的"意见领袖",是答疑解惑的良师益友。

(三) 多元化

全媒体时代要求主持人利用多元化的风格进行节目创作:首先,采取多样化的主持形式,与网络媒体进行有机结合,充分利用互联网和新媒介的强大影响力。网络媒体的不断发展带来了微信、微博这些更具时效性的网络社交平台的应用,它们在一定程度上加快了信息传播的速度。如果将网络媒体与电视媒体进行有机结合,不仅可让网络媒体的有效信息得以充分利用,同时还可以加快电视媒体的传播速度,获取观众的信任,加强与受众之间的互动,增加节目的亲切感,拉近与受众的距离,使得电视节目的内容更为丰富。现在有很多节目主持人,例如白岩松、杨澜、鲁豫等都开通了个人的微博或者微信公共账号,并且有相当数量的关注粉丝。一方面可以通过互联网准确迅速了解到最新的消息,另一方面,微信微博的开通也成为主持人与受众及时进行互动交流的平台。节目主持人可以与观众进行直接的交流,内容有时关乎于节目内容,有时关乎于节目主持人本身,主持人将微信微博反馈的信息作为丰富个人主持节目内容的途径。又例如2016年春节联欢晚会上的支付宝"咻一咻"集五福抢红包活动,在晚会直播同时主持人李思思与尼格买提全程穿插发红包方式进行互动交流,提高了观众的实时参与感,让所有观看春晚的观众都有一种共庆佳节的团圆感和亲切感。这种抢红包的互动方式从2015年春晚开始应用,现在已经是各大卫视春晚不可缺少的主持人与观众的互动部分。作为互联网公司巨头的腾讯和阿里也在此获得巨大收益,可以说,节目主持人与互联网媒体的良性互动和有机结合是主持人发展的最重要趋势。此外,在节目主持当中融入新媒介的使用,例如平板电脑或者笔记本等新媒介丰富主持形式可以使得节目形式更为生动多样。其次,从节目内容上来说,要拓宽节目内容来源的渠道。在很多国外的著名脱口秀栏目中,就有不少主持人会创建自己的网站,在节目播出之前就邀请部分观众登陆自己的主页参与观看并留下自己的观点意见,这些观众提供的内容反馈占据了部分节目内容,这也是属于这期节目的独家内容。对于全媒体时代中的节目创作者而言,网络是最能体现时效性的获取信息的渠道,现在国内有很多节目主持人在节目前一天都会在微博上发布明日的节目主题或者观众互动参与的讨论问题,这一方面是节目前期的预热发酵,另一方面也是为节目内容本身做有力的扩充。此外,自媒体时代中,任何互联网移动端都可作为信息获取的渠道,节目主持人将不再完全依赖编导的台本,而是通过多种渠道扩充自己的节目内容。

三、主持人的品牌建设是成功转型升级的保障

(一)为电视节目主持人的品牌建设提供保障

在传媒高度发展的今天,直播作为电视传播的最高形式,为传媒与受众带来了全新的时空体验。其独具规模的视听同步进行,一直是电视媒体对抗众多新媒体的主要手段。在直播平台上,各种节目资源和电视表达形态得以积蓄、整合和衍生,以无法替代的现场感和真实感最大限度地满足了受众在第一时间了解事物、认识事物、获取信息的需要。因而,电视节目直播常态化,已经成为打造传媒影响力、抢夺传播话语权、制造眼球效应的"独门武器"。同时,直播需要主持人,需要转达信息的把关人,因此电视节目主持人的品牌建设更多地从直播展开。所以,知名的记者主持人和电视的直播形式,成为传统的电视媒体在当下不可被替代的主要原因。一个电视节目品牌的确立,电视节目主持人是相当关键的,所谓的品牌主持人,正是通过其所主持的品牌栏目,才让成千上万的受众认知并认可的。电视品牌节目主持人的形象特别重要,因为电视品牌节目主持人的言行举止不仅仅代表他个人,更是代表他所主持的品牌栏目。所以,要像包装电视电影明星那样去量身打造和包装电视节目主持人。频道之间尚存差异化,不同电视节目的主持人也不应该是千人一面,要独辟蹊径,创建具有品牌化和明星化的电视节目主持人,使栏目的主持人成为栏目的形象代言人,增加品牌栏目的影响力。要定期的为主持人进行宣传和推广,包装名嘴和明星主持的形象,让广大的电视观众对整个栏目和主持人产生品牌化的意识,让品牌化的电视

节目和电视节目主持人深入电视观众们的内心。最终,建立广大电视观众对电视品牌节目的依赖和信任,让电视品牌栏目和电视品牌栏目的主持人生机勃勃的向前发展。

(二)电视台应建立相应的培训体制以适应全媒体时代的竞争

电视节目主持人在所供职的电视台工作几年之后,往往会缺少激情,失去二次创作的动力和方向。一个电视节目主持人是否可以长时间的在激烈的传媒竞争中立于不败之地,取决于他的先天好条件和后天不断充电学习的勤奋。"吃老本"可以暂时应付日常工作,可谁也不能长久的疲于应付。学习和充电都是需要时间和精力的,全日制上班的电视节目主持人,要想完成日常节目的正常播出就不能利用上班时间进行再充电和再学习了。所以,各地的电视台应该组织集体性质或一对一的短期分批培训学习。电视节目主持人通过充电学习培训,更新自己的专业知识和能力,开阔视野,不断创新,从而延长自己的艺术生命,紧握话筒在自己的手中。电视节目主持人的知识结构得到有效的更新后,电视节目主持人可以将自己新知识的血液带进自己所主持的节目中,与时俱进,更好地为人民群众服务。电视台应建立相应的培训体制以适应全媒体时代的竞争,也是今后我国电视节目主持人的研究课题里一个值得探讨的问题。

(三)电视品牌主持人和栏目的建设方式将成为重点

电视品牌节目主持人在品牌栏目当中是具有举足轻重的作用的,这样的明星样式的电视节目主持人具有很强的影响能力。他个人的言行以及对事件的独特观点会使节目在品牌建设的过程中得到优化和改善。而一个好的品牌化的电视节目也可以促进电视节目主持人的全面发展,这是双向沟通的,互相作用和影响。所以,我们可以认为是电视的品牌节目成就了明星化的电视节目主持人,也可以认为是具有个人魅力的电视节目主持人成就了品牌节目。在品牌化的电视节目建设中,可以将自身的传媒单位与其他的传媒单位有机结合,充分运用对方资源,取长补短进行宣传,营造良好的品牌环境。还可以利用大型的电视台活动推广和宣传电视节目主持人并制作品牌化的电视节目主持人的形象宣传片。

另外,专业的专家型电视节目主持人,在未来会有广阔的市场,电视台人力资源部门应该重点招聘或培养。现今的很多主持人都是"杂家",也就是俗称的"万金油",这样的主持人可以主持比较常规性的程式化节目,但是他们缺乏与专题性节目一致的专业知识,不能主持专业性极强的电视节目,以免因为电视节目主持人的误读而错误的传递信息给受众。比如像财经类的节目主持人,就需要对财经专有名词和财经知识有充分的了解和掌握;法律节目主持人就需要对法律常识和法律法规有充分的界定和了解;体育节目主持人也应该能完好地驾驭自己所主持的这一领域体育项目的报道。所以,拥有自己所主持节目的专业知识背景是十分必要的。不断完善电视节目主持人的品牌化建设和发展,形成电视节目主持人的品牌化效应是媒体提升竞争力的必然选择。

(四)全媒体时代市场评判促进电视节目主持人的升级

全媒体时代,主持人在市场中的独立"品牌"身份更加重要。名牌主持人可以横跨多种媒体而施加影响力。因为,无论哪种媒体,无论是否是全媒体,市场评判总归是最后的一道坎。因此,主持人及其节目的品牌形象即成为本节所要阐述的内容。

首先,电视节目主持人必须牢固树立市场第一,受众第一的观点。无论是哪种媒体,都需要最终走向受众。应该将市场和广大受众放在第一位的位置上,电视节目主持人与广大受众是互动沟通的双向交流的关系,电视节目主持人与媒体市场和广大受众的相互作用是显而易见的。因此,把握住了受众也就把握住了市场。其次,拿财经类的电视节目主持人举例,财经类的电视节目主持人要有很丰富的关于财经方面的知识和对财经信息的解读能力。财经类的电视节目主持人要关注财经信息和财经动态,及时有效的更新自己的财经知识,具有分析判断财经信息的能力。最好能够在有效的充电状态下,补充财经类知识的营养,高规格的要求自己能准确理解财经概念,清晰解读财经内容,为广大的财经类电视节目的收视观众服务。在国外,电视节目主持人有着很高的语言修养和媒体信息的传播能力,他们中,多数人都是记者型的电视节目主持人,他们有着丰富的人生阅历和过硬的媒体从业素养,这样的电视节目主持人才是合格并优秀的传媒人才。比如我们熟知的美国电视新闻节目的主持人克朗凯特和我国中央电视台的著名节目主持人敬一丹,著名的体育类节目主持人宋世雄和孙正平,等等,他们都是全能型的电视节目主持人。再次,节目主持人作为重要的一环更应当紧跟全媒体时代的潮流,提高自身专业素养,争做名牌型的电视节目主持人。面对热潮涌起的主持人市场化进程,更需要主持人个体的直面应对与冷静思考。一是主持人必须作为一种创新元素融入节目之中,在与节目共生共荣中赢得市场的认同;二是必须最大限度强化个人的知识与职业阅历积累,凝聚主持人品牌的无形资产,接受市场的检验;三是明确自己的主持定位和方向,深化自身的主持特色和个性,找准自己在市场中的位置,确立可持续发展的个性化的主持风格与品牌。当然,无论时代如何发展,我国广播电视节目主持人作为"党的喉舌"的性质不能变,坚持正确舆论导向的职责不能变,老一代优秀节目主持人的光荣传统和职业风范仍然是后辈们学习进步的动力和宝贵源泉。关键是要在坚守和继承中创新,在创新中提升和进步,使主持人队伍更好地完成应尽的社会职责。

第四节　主持人才的培养改革创新

一、合理人才选拔模式

当前,播音主持艺术专业热度不减,每年还是有大量的人怀抱梦想,试图考入理想的播音主持院校实现成为一名节目主持人的愿望。因而最关键的是相关院校如何在大量考生中合理选拔出最具潜力的作为播音主持人才队伍的预备军,所以必须有合理的人才选拔模式。从媒体的新闻报道当中我们了解到,现在的面试中考试项目的设置更为合理,试图能在有限的时间内对面试者进行全面的考核。今年的艺考中,部分院校设置了现场卸妆的环节,强制考生在初试阶段不允许带妆,不符合标准的考生将进行现场卸妆方可进入。相关部口负责人员介绍,这其实是招生院校期望在初试中了解考生不加任何修饰的真实素质,但是随后两试则要求考生带淡妆入场,从而考察考生的上镜能力。由此我们可以看出,每一阶段的考试都有其主要考核的项目,从而对考生进行逐步筛选;此外,播音主持艺术专业高考文化课成绩要求提高,文化课分数占总成绩的比例高于往年,全媒体环境对于主持人文化素养和底蕴的要求越来越高,提高艺考生的文化课成绩要求有助于我们选拔出更多具有潜力的播音主持人才。

二、树立职业价值观与职业伦理观念

伴随着中国的改革开放和全球经济一体化的快速发展,以及以互联网

为代表的新的传播媒介的普及,人们的信息接触范围更广,信息交流的途径更加多样。一方面使他们能够突破传统观念,以多元化的视角审视世界,思想观念上呈现出更加活跃开放、自由的特点。另一方面思想意识不够成熟和稳固,缺乏社会实践经验,对多元的文化形式缺乏鉴别能力和选择能力。我国目前正处在政治、经济建设的新阶段,社会、经济、政治、文化四个方面的发展呈现不平衡态势,导致多种利益、多种矛盾共存的复杂局面。这些都对人们的价值观和伦理观产生了很大冲击。信仰缺失、诚信意识淡薄、功德观念匮乏、自我意识过强等特点尤为突出。播音主持艺术专业的学生具有表现欲强、性格开朗等好的品质,但在自控能力和主观个性方面的缺点也比较突出。当前本专业的扩招更是使这种缺失更加明显。

价值观念和伦理观念既是社会良性发展的维系,也是个人职业生涯顺利展开的根基。因此,职业价值观教育、职业伦理观教育对于规范大学生价值观念和伦理观念尤为重要。大多数的播音与主持艺术院校在课程设置上和教育教学理念上存在缺失。少部分院校认识到了这个问题,将新闻学专业开设的《新闻职业道德与法规课程》纳入选修课程体系。该课程主要讲解的是新闻主体与客体之间的法律关系和道德规范问题,与播音主持工作的性质、形态和以语言应用为主体的特点存在较大错位。在口语传播思想形成的萌芽阶段,柏拉图就对以煽情为特征的演讲进行了严厉的批判,指责其操纵民众观念的行为。亚里士多德更是将演讲者的可信度与权威作为口语传播效力的基础。口语传播学注重语言伦理观念的传统,对我们的专业教学有重要的借鉴意义。我国古代的传统思想也强调"修辞立其成","乱之所生也,则言语以为阶","言德统一"等语言应用的伦理观念。这也将为我们丰富口语传播伦理教学提供丰富的养分。

播音与主持艺术专业的学生是未来的播音员、节目主持人,他们将借助媒介拥有强大的话语权。我们应以口语传播的职业价值观念和职业伦理观念为两翼,来约束其口语传播活动。这种职业价值观和职业伦理观的教育应专门列为必修课程,体现在人才培养模式之中,作为红线贯穿本专业教育始终。

三、注重技术融合与专业融合

全媒体时代背景下强调的专业知识主要分为技术知识与专业领域知识

两大部分,在播音主持人专业教学中应注重技术融合与专业融合两个方面。技术融合,顾名思义在日常教学中注重对学生多媒体技术的实际操作能力的培养。对于技术的掌握除了课堂内的理论教学之外,更需要真实媒体环境的观摩和训练。首先在课程设置上需要注重安排技术理论相关课程,其内容需要注意与当下的技术发展步伐接轨,具有可操作性的尽量以实际操作成果作为结课要求,没有可操作性的也需通过讲授、观摩等方式让学生对其有一定程度的了解。此外,相关院校应为学生创造深入媒体一线的实践机会,目前很多地区的新闻传播学科院校与当地的媒体单位开展了"部校共建"的合作活动,每年组织优秀在校本科生、研究生深入媒体一线进行实习,这其中包括了传统媒体报社、广播、电视媒介,还包括口户网站、IP 电视等新媒体单位,这种合作为高校的相关专业学生提供了一个极好的锻炼自身业务能力的实践机会,与此同时这也为媒体单位招聘优秀的媒体人才做好了前期准备。其次专业融合,即加强学生在相关专业领域的理论知识的掌握。目前大部分高校都开设了辅修课程,在一些综合院校,其课程种类更是涵盖了与文理工相关的各个学科,播音主持艺术院校的教学培养计划中应鼓励学生在自身兴趣爱好的基础上更多的参与辅修课程学习,增加学生某一专业领域的知识储备。此外,在日常教学过程中,还可以多邀请不同学科领域的其他专家学者与学生进行互动,激发学生对于相关领域的兴趣爱好,使之对于当今时代的大环境有更深层次的了解。

节目主持人要想适应全媒体时代的要求,就必须从教学培养方式入手。在全媒体时代的媒介背景下,播音主持艺术专业的相关院校也要抓住有利的探索改革时机,充分利用多媒体技术来创新发展平台,掌握媒体传播的先机。在培养人才的过程中,充分合理的利用多媒体平台,将全媒体理念与知识技术相融合,改变传统的播音主持教学手段,有效合理的利用微博、微信等平台,通过多媒体技术,以视频、声音、图画相结合的形式发挥媒体传播的特色,对播音主持进行有效的教学。播音主持艺术专业要充分利用全媒体的先进理念和专业技术,发挥播音主持艺术自身具备的传统优势,利用新媒体平台提高节目的宣传力度和影响力,利用声音、画面、视频结合的多维度形式充分发挥媒体传播的特色,为播音主持艺术创造更为广阔的发展阵地。

第八章　多方位视角下的主持艺术

第一节　传媒视野下的主持艺术

一、传媒视野下主持艺术概述

主持艺术是一个相对宽泛的概念,基于不同的传媒形式来说,包括电视、广播和网络等对象。以电视为例,作为当前我国最主要的传媒工具,电视传媒运作的过程中,主持人的影响直接决定了节目的命运。可以说,主持人是一个节目的名片,节目所具有的形象、内涵、定位和艺术魅力,是由主持传递出去的。因此,只有让主持人具有了良好的形象、内涵和魅力,才是提升节目收视率的最佳途径。结合现状来说,受众对节目的关注很容易受节目主持人的影响,如一些媒体的栏目就是专门为某个著名主持人量身定制的。从主持艺术角度来说,其基本构成要素有 3 个方面。

(一)外在形象

广播电视节目的一大特点是主持人的引导性和重要性,通过可视化的屏幕,主持的外在形象也被表达出来。相应地,主持人的形象必须符合该节目自身的定位,这也是对主持人的基本要求;由于人们会通过外表来判断一个人的内在修养、性格和气质,而在不可能深入了解的前提下,形象是最重要的区分因素。如果外在形象缺乏与整个节目的定位相符性,那么也就不能取得良好的收视和传播效果。

在传媒视野下,视觉要素是电视节目艺术的关键,因此对于主持的外在形象就有了严格的要求。当今社会是一个信息化的社会,图像、影像成为被观众广泛喜爱和容易接受的一种信息传播技术。当今社会信息传播迅速,各种各样的信息充斥于每个人的日常生活,而图像可以在第一时间吸引观众的注意力,达到快速传播信息的目的。主持人作为一个节目的形象支撑,是第一个引起观众注意的对象,因此主持人的外在形象对节目的影响重大。主持人的发型、衣着是观众一眼就能看到的,所以主持的外在形象气质要与节目内容相符。

(二)内涵气质

主持要具备一定的个人修养,及个人魅力,主持人的修养也是决定一档节目档次高低的关键因素。主持人只有具备出色的个人能力才能在实际的主持中充分体现自己的风格和特色,才能让节目顺利、高质量地完成。主持人的个人魅力也会进一步地吸引观众,提高节目收视率。具备出色能力的主持人,不仅可以在节目中出色地掌控节目,还可以有效提升节目档次,避免出现冷场或是现场氛围低俗化的现象。

内涵气质需要长时间的积累、训练和挖掘才能体现出来,尽管主持工作是一个"看脸"的工作,但内涵气质与节目的适应性也很重要,否则会与主持人自身的风格不符,造成传媒展示的违和感;同时,一个成功的主持人不是单靠包装就可以打造出来的,主持风格、特色的形成,本身就是内涵气质的流露。

(三)语言表达

在传媒视野下,信息传播速度加快,而主持人的语言能力是一个节目传播信息的核心,语言是沟通交流的关键,起着桥梁的作用。所以主持的一个重要影响因素——语言,可以在节目主持过程中充分地活跃现场气氛。出色的语言能力也可以避免出现冷场或是尴尬的氛围,主持人出色的语言能力可以进一步提高节目的信息传播质量。语言能力是一种综合性的能力,它包括肢体语言、文字语言等多方面能力,幽默的肢体语言可以活跃现场气氛,而出色的造句、遣词能力也可以出色地掌握节目的节奏。主持的音调、音量大小、语气对一个节目的影响也是巨大的。

主持人的工作是传达新闻资讯等信息,或针对某一些社会现象进行评论。很显然,"说"是主持的基本能力要求,语言表达能力的强弱,是对一个合格主持人评价的基础。

二、传媒视野下，提升主持水平的方法

第一，提高主持人的外在形象，主持人的外在形象设计要考虑节目的特性，要符合节目的气质。主持人的衣着形象设计要贴合节目内容，轻松愉快的节目主持人的衣着形象要欢快轻松，而正式类的节目，主持人的衣着设计要正式一些。另外，主持人的外在形象也要充分和观众契合，主持人可以同记者、领导一起下乡增强自己与观众的联系，加强交流沟通，这样也可以促进其在主持节目时更加契合观众需求。

第二，提高主持人的个人修养与职业素质。通过专业的培训，提高主持人的职业素质，同时也要培养主持人的道德素质，加强主持人对大众文化的学习，使主持人的气质更加贴合观众心理。还要充实主持人的知识面，使主持人在主持节目时更加得心应手，并且主持人在主持的同时也会传播自己的知识，进一步提高节目的档次。

第三，提高主持人的语言能力。语言艺术是一门综合艺术，主持人具备出色的语言艺术可以进一步提高观众的兴趣。加强主持人的语言能力也是提升主持人个人魅力的关键，肢体语言、文字语言的合理利用可以极大地增强节目的趣味性，出色的逻辑语言不仅可以让观众感到主持人清晰的思路，也符合大众的审美要求。另外，还要加强主要技能培养，主持人在业余时间要多读书，丰富自我阅历，提高语言沟通能力。

第四，多方面地培养，加强主持人的文化熏陶，提高主持人对社会价值的了解。随着社会的发展，电视节目在信息的传播上起着关键性的作用，而节目传递的社会观、价值观也在潜移默化地影响着观众。因此主持人要努力学习，树立正确的价值观与社会观，才能给观众带来一个正面的影响。而主持也要依据社会现实，主持人要了解实事，这样才可以更进一步地拉近与观众之间的距离，提高观众的兴趣，从而提高节目的收视率。

在主持的过程中，从业人员只有表现出自己的风格，流露真实的情感，不矫揉造作、不虚伪包装，才能在这一职业中取得良好的成绩。一个优秀主持人所需要具备的能力。与传媒受众深入情感交流，实现情感上的共鸣，充分发挥主持艺术要素的功能，对我国传媒事业发展有巨大的推动作用。

第二节　口语传播视域下的主持艺术

一、口语传播的特点

口语传播是从西方的 Speech Communication 翻译过来的。也有学者将其翻译为"言语传播"和"沟通交际学"。

口语传播学依据人类的传播主旨,将人类传播看作是互动的双向沟通过程,其研究范围除了关注于人类传播互动这一信息的产生、接收、解读过程之外,更加注重在这个过程中所涉及到的语意、说服、协商等课题。口语传播学与我国传统修辞学有很大的不同,修辞学主要针对的是文章的遣词造句、辞格等内容,而口语传播学更加注重话语方式,分析不同的口语形式以及其他副语言是怎么影响受众群体的,以此来对人们的思想、行为、观念等产生积极的改变。

口语传播有以下四个特点:首先,口语传播是言语交流及沟通的过程,所谓"过程",是由于在口语传播中有很多不稳定因素,根据口语传播行为与现象的改变,获得的效果也不尽相同。人们对这个过程所产生的变化有了充分的了解之后,才能对口语传播中的各个环节进行有效的控制与调节。其次,口语传播具有互动与同动的特点。人们的沟通和交流是一个双向过程,以口语作为互动形式。再次,有意识和无意识是口语传播体现出的两种状态。语言发起者和接受者在理解方面的差异,使语言发起者的目的和接受者对语言的理解存在差异,有时候语言发起者的一个无意识的言语传播会使语言接受者对其进行有意识的解读。最后,口语传播行为具有系统性。在口语传播中,各环节中的要素都会互相产生影响。因此,在研究口语传播时,需要对其进行整体的把握,系统地认识口语传播的特点,以便准确地理解口语传播行为。

二、主持专业在口语传播视域下的特点

(一)具有理论支撑作用

口语传播在高校播音与主持专业教育中起到了关键的理论支撑作用。

由于播音与主持专业具有实践性较强的特点,因此需要较多的实践教学活动。口语传播学在分析组织传播、人际传播以及公众传播等的长期研究中,总结出播音与主持活动在不同情境下的普遍规律,给予了实践教学以理论支撑。

(二)以人为本

从本质上讲,主持专业教育就是以人为主体的口语传播教育,所有新闻媒体活动都是以主持人为中心展开的。而在各高校播音与主持专业的实际教学中,对学生作为行业主体的地位明显认识不足,大都是模式化教学,仅致力于提高学生的语言表达能力,而限制了学生的口语传播及综合交际能力。高校应该认清学生在教学活动中的主体性地位,从而培养出真正具有专业能力的主持人才。

(三)能够培养学生的口语传播能力

将主持专业教育放在口语传播视域下进行讨论的目的,就是要培养学生的口语传播能力。除了使学生掌握一定的传媒技能技巧之外,主持专业教育还应在学科基础上增强学生的口语传播能力。主持是一项复杂的活动,从业者要有对知识进行迁移、转换的能力,以及针对不同新闻传播层面的完备的口语传播能力。

三、口语传播视野下对主持艺术专业人才培养模式

中国的播音与主持艺术专业在世界上是独一无二的。当我们把目光投向海外,即使在欧美国家及港台地区等传媒产业高度发达,学科研究高度细化的国家及地区也没有将播音主持专门作为一门专业来进行研究和教学。

(一)口语传播与口语传播人才培养模式

1.口语传播的界定与研究对象

口语传播学主要从人类的传播主旨出发,视人类传播为一双向互动的沟通过程,研究主题除了聚焦在人类传播互动这一信息的产制、接收、技巧与解读的过程外,更强调上述过程中所牵涉到的语艺、说服、协商、冲突解决以及意义共享等课题。口语传播学不同于我国传统修辞学所研究的文章的遣词造句、辞格等内容,它探讨的是一种话语方式,研究如何最恰当的利用口语形式以及其他副语言形态来影响受众,意图对人们的思想、观念、行为、

行动产生改变。

口语传播主要专注于说服理论、倾听、口语传播中的副语言、口语传播中的受众研究等方面。从研究的领域方面看,包括了人内传播、人际传播、小组传播、团体传播、组织传播、公共传播等。我国的传播学研究主要承袭了西方20世纪80年代大众传播研究的框架和结构,主要关注的是以大众传播媒介为手段的系统研究、效果研究。口语传播从研究焦点和领域方面,和我国目前的传播学研究存在着较大差异。口语传播学区别于大众传播学,侧重于以语言和非语言为交流手段的研究与实践。它将不同人际范围,不同文化范围,不同场合的传播形态纳入其研究范畴。随着我国社会主义市场经济的不断完善和繁荣发展,中国人在文化理念、表达渠道、民主意识等方面逐步呈现出多元化特征,人与人之间的传播沟通活动越来越丰富。而与之相对的口语传播学,无论在教学实践上还是在学术研究上,在我国传播学的学术版图中尚属空白。

2. 口语传播的学科交叉性与自身特点

当代的口语传播研究体系是在社会学、心理学、人类学、政治学、语言学等多个学科知识的交叉和激荡中建立的。

近现代以来的理性主义、实证主义、和行为科学思潮对其研究方法和研究领域有着很好的拓展。这种学科交叉性在心理学方面主要体现在:关注于口语传播过程中的心理机制、语言知觉、言语的理解和记忆、言语互动。在社会学方面主要体现在:将口语传播活动与社会因素和社会功能结合起来并探讨他们之间的关系。在语言学方面主要体现在:语言学作为人文学科的带头学科,对口语传播中传播信息主体——口语的结构、性质、应用做中观和微观的分析。在政治学方面主要体现在:话语权力方面的理论为口语传播提供的新的研究视野和研究方向。凡此种种,口语传播学的学科交叉特性,与口语传播行为的复杂性和多样性是分不开的。

口语传播的自身体现如下四个特点。(1)口语传播是一个言语沟通的过程。强调过程,就是说口语传播的行为和现象伴随着多种因素,处于不断的发展变化之中,是传播和反馈并行的回环往复的过程。认识到这个过程中充满变化的意涵,才可能对口语传播中的各个环节有所调节、操控。(2)口语传播具有互动性、同动性。口语传播过程中,人与人之间是一种以口语为主要形式的互动,是一种双向的沟通。这种互动无章可循,是传播和反馈并行的结果,即同动。(3)口语传播呈现出"无意识"和"有意识"两种状态。出于传播者的言语目的和接受者的言语理解,有时无意识的传播会受到有意识的解读,有意识的传播会受到无意识的忽视或误解。(4)口语传播行为是一个系统。在口语传播过程之中,各个方面的要素都会相互之间产生影响,进行口语传播研究时,只有系统把握才便于进行。

(二)对主持艺术专业人才培养模式的认识

通过对中国播音与主持艺术专业和口语传播学人才培养模式的比较研究,二者之间存在着很多共同点。尽管两个专业人才培养的目标不同,但都是关注于对学生语言应用和表达能力的培养。

中国的播音与主持艺术教育植根于中国播音学理论建设。作为一门以播音创作为研究对象,以研究播音创作活动系统发生发展规律的学科,尽管在发展过程中不断吸收实践经验,尝试加强与相关学科的交叉,但是在学科发展过程中存在着一些亟待解决的问题:理论建设相对薄弱,出版的教材中以经验总结和技巧训练居多。

1. 主持教育是以"人"为主体的口语传播教育

中国广播电视节目的发展史,折射着改革开放以后中国社会的变迁史。尤其是电视,在20世纪80年代以后以其声形俱佳的优势,成为大众日常生活的重要组成元素。曾几何时,收音机、电视机被摆放在家里最高最显眼的位置。目不转睛、正襟危坐是那个时代观(听)众的标准像。随着国门渐开,政治氛围日益宽松开放,当人们开始躺着或斜倚着看电视听广播的时候,也预示着受众期望广播电视节目的形态变得更人性化,更容易平等交流。广播电视不再只是报告新闻、传递资讯,人们还需要它提供娱乐,丰富业余生活。最有效的传播往往是大众传播与人际传播的结合,此时的播音员已不能满足受众的心理期待。节目主持人的出现为大众传播过程中融入了丰富的人际性色彩,从而大受欢迎,主持人节目也风靡开来。

在我国早期的节目主持人主要是由播音员演变和转化过来的。当广电媒体大量需要节目主持人时,由于培养播音员的体系和研究成果已趋向完备,于是就惯性地把主持人的培养置于播音专业教学之下,把播音和主持捆绑在一起,将有声语言的用声技巧、语言规范以及不同节目类型演练作为教学的主体。播音专业改成了播音与主持艺术专业,播音系变成了播音与主持艺术学院。

我国的播音与主持艺术教育,较少关注学生未来在从事播音主持工作中作为传播主体"人"的培养。大量模式化的训练造就的是程式化的语言"表述"能力,而不是像口语传播学那样,去培养作为言语生成主体——"人",语言的生产、制作、传播、反馈与修正的能力。口语传播学的教学和研究可以视为是对"人"本身这个任何传播活动本源的回归。无论面对话筒或镜头口播新闻,还是进入新闻现场采访播报;无论是进行一对一的访谈,还是主持把控大型活动和晚会。任何播音主持艺术活动的主体都是播音员、节目主持人自身。口语传播学专注于研究和培养人语言的生成能力的做法,对我们的启示是:播音与主持艺术专业的人才培养是以"人"为主体的口语传播教育。

(三)培养主持能力即塑造口语传播能力

1. 中国传媒大学

本专业面向广播、影视媒体及相关部门,培养具备广播电视播音学、新闻传播学、语言文学及美学、心理学等多学科知识与能力,从事广播电视普通话新闻播音与主持及新闻报道、专题播音与主持、各类节目主持、体育评论解说、双语播音与主持、影视配音及演播,以及播音主持教学与研究工作的复合型新闻传播高级专门人才。

2. 浙江传媒学院

学院开设了播音与主持艺术专业、播音与主持艺术专业(礼仪文化方向)、播音与主持艺术专业(影视配音方向)等3个本科专业与方向,新闻与传播专业硕士(广播电视播音主持方向)以及学历教育的留学生项目。设有播音主持系、礼仪文化系、实验实训中心、普通话水平测试中心、产学发展中心、世界休闲博览会礼仪人才培训基地、媒体语言研究所等教学单位、科研机构。

3. 上海戏剧学院

本专业培养具备广播电视新闻传播、语言文学、播音学以及艺术、美学等多学科知识与能力,能在广播电台、电视台及其他单位从事广播电视播音与节目主持工作的复合型应用语言学高级专门人才。本专业学生主要学习中国语言文学、广播电视新闻传播学、中国播音学的基本理论和基本知识,受到普通话语音、播音发声、播音表达的基本训练,掌握广播电视播音与节目主持的基本能力。

4. 西北大学

播音与主持艺术专业面向广播、影视媒体及相关部门,培养具备中国播音学、广播电视新闻传播学、语言文学及美学、心理学等多学科知识与能力,能从事广播电视普通话新闻播音主持及新闻报道、专题播音主持、各类节目主持、体育评论解说、影视配音、演播,广播电视编导、记者以及播音主持教学与研究工作的复合型新闻传播专门人才。

5. 成都理工大学

本专业培养播音与主持专业文化修养和艺术表现能力,且具有广播电视播音与主持、广播电视新闻采访及影视表演方面的专业理论知识和技能,并掌握了现代广播电视高科技传媒手段和计算机操作技能,以播音与主持为主,集"采、编、演"为一体的播音与主持艺术专业的高级专门人才。本专业培养的毕业生可在广播电视传媒部门、其他文化系统以及影视文化传播公司工作,也可在政府部门、企事业单位从事与宣传、公关、广告和文秘有关的传播工作。

6. 天津师范大学

根据广播电视业对未来播音员主持人的要求,培养热爱祖国、恪守职业道德、形象高雅、底蕴丰厚、仪表大方,具有较高水平的播音与主持艺术专业技能以及语言学、新闻传播学、文学艺术等多学科知识,能在电台、电视台承担采编播一体化或从事播音主持的专门人才及从事与语言应用相关的播音教学、传播、新闻、公关等行业的通用型人才。

所谓的主持能力,不是一种单纯的技能技巧,而是一种建立在相关学科知识体系支援平台之上的口语传播能力与人际沟通协调能力。并且这种能力是以媒体人严格自律的职业道德为根基的。所谓相关学科体系的知识支援平台,是与播音员、节目主持人的工作形态相对应的。播音主持活动的复杂性要求播音员、节目主持人在具备专业知识的基础之上,还应具备知识的迁移能力和学习能力。多学科的知识储备是进行有效口语传播活动的源泉。无论从技巧层面的新闻播报、节目主持、人物访谈、新闻采访、直播报道、晚会主持等,还是在影响社会运作更深层面的话语权力、语言艺术与思辨、语言与社会化、语言与文化等层面,口语传播学都将为这些业务类型提供最基础的理论支撑和指导。当然,有声语言的吐字、用声技巧和语言规范作为有效传播过程中的重要因素理所应当的要包含于主持能力之中。因此,播音与主持艺术专业人才培养模式的核心就在于培养学生们的口语传播能力。

第三节 消费文化语境下的主持艺术

一、消费文化语境下的主持语言特征

主持人是后现代文化统摄下的一种典型的职业形态,有预言家预测,电视节目主持人是21世纪最热门的职业之一。从近年来广电行业的发展中我们可以窥见这种预言的一定合理性。也有人说,21世纪是一个影像统摄的世纪,电视图像导引着人们的视觉,支配着人们认识了解世界的主要通道,"读图时代"的到来预示着其他符号作用的衰减。笔者认为,电视作为视听结合的产物,其魅力绝不仅仅局限于图像符号,还在于其声音符号的解释力和感染力。受众不仅关注画面,也关注着有声语言的传播质量。基于消费文化"非中心化"的基本特征,在当下主持语言现状的研究中我们可以探求到其合理性解释的基点和未来发展的方略。

主持语言在其发展的短短几十年间发生了不小的变化,立足消费文化的语境,我们不难发现,精英传播意识统摄下的语言样态已经显得曲高和寡,与受众审美期待间的沟壑正在逐渐拉大,我们必须重新审视自己的创作理念,从创作主体的自恋意识中解放出来,关注受众的所思所感,尊重受众的接受主体性,才能建构起符合时代精神的语言传播样态。艺术走进生活,并不意味着大众传播要完全俯就人际传播,陷入人际传播的汪洋,而是要让大众传播既吸取人际传播的贴近化特点,又弥补人际传播的各种不足。让艺术语言口语化,人际传播艺术化,最终达到艺术和生活的水乳交融。这一点不仅体现在《鲁豫有约》栏目中鲁豫的亲切访谈中,也体现在董卿主持大型晚会的热情、知性,更体现在贺红梅播报新闻的从容舒展。笔者将当下主持人的有声语言传播纳入大的传播系统进行研究,抛开争执已久的涵盖论,将电视主持语言作为一个整体加以分析,力图挖掘出规律性认识。

(一)主持语言口语化

播音员和主持人关系历来是学界论而不争的历史问题,历史发展到今天，随着认识的不断深化，人们对于播音与主持工作的区别已经渐渐明晰起来。按照《播音学简明教程》所言："播音员的任务是把文字稿件通过再创造，转化成有声语言播出去。"播音员和主持人在媒介中尽管都作为"出面的主笔"出现，但工作职责显然存在一些区别。播音员强调对于文本的依赖性，通过二度创作，准确、及时、高质量、高效率地形之于声，及于受众。而主持人更多地体现出对于节目的参与性和驾驭性。有的时候甚至以"把关人"的身份出现。即便如此，不能认为主持人就比播音员优势更加明显，因为从媒介规律出发，广播电视节目中，播音员这一媒介角色具有不可替代性。尤其在消息类新闻节目中，播音员的设置具有国际通行性。

从延安新华广播电台发展到今天，我国播音员、主持人队伍已经是茁壮成长，根深叶茂，而且一如既往地发扬着老一辈播音艺术家"爱憎分明、刚柔并济、严谨生动、亲切朴实"的风格。然而随着社会文化语境的更迭，许多传统的表达方式正在和时代脱轨，逐渐枯萎、衰竭。这个时候，我们应该做的不是抱残守缺，而是与时俱进。当下主持语言的发展趋势正随着人们观念的革新而悄然变化，逐渐由"播"向"说"蜕变，正襟危坐的播报方式日渐式微，相反，充满人际传播气息的口语化播音大行其道。消费文化时代，大众传播媒介由"传者中心"向"受者中心"移位，受众成为了媒介的主人，他们的好恶决定了节目的生存与否。受众的审美观念总体上又是趋同的，他们所期待的是人格化的贴近性传播语态，娱乐化、世俗化的传播手段。主持语言作为一种典型的媒介语言，它不仅面向大众、影响广泛，同时也具有艺术创作的审美属性。这种艺术创作属性又和社会审美语境相关联，因此和其他种类的艺术语言有着明显的区别。"它把传者的生理过程、媒介的物理过程和受众的心理过程紧密联系起来，形成一个维系'传与受'关系的'链条'。"由此，我们看到，"言语交际是一条联结说话人头脑和听话人头脑的许多事件的链条。这条由许多事件串联而成的链条，就叫做言语链。"在主持语言创作中，几个链条相互作用，最终实现创作效果。在消费文化语境下，"受众心理"在整个链条体系中的地位凸现出来，因此，主持创作中，应当着重强调和受众的"交流感"，以唤起受众的接受愿望。不仅设想和想象到受众的在场性，还应该具体到"在什么场合说"，"对谁说"，"怎样说"。

主持语言的口语化并不意味着字正腔圆的规范美被全盘消解，相反，科学的发声吐字，精准的表达在任何时代都是适用的，关键在于如何调整语气、语调,乃至语态特征,由呆板的播报语体向口头语体过渡,真正实现传授双方交流的贴近性,让播音艺术走进生活。口语化传播并不是口语至上,更不是重文轻语的翻版。只有对于口语有着深入了解,才能厘清脉络,揭示本质。相对于书面语而言,口语是动态的、结合语境的语言。但并不是嘴巴讲的话都是口语。我国最早涉足汉语口语研究的学者赵元任先生曾这样为口语定义:"口语是人跟人互通信息、用发音器官发出来的、成系统的行为方式。"这一定义揭示了口语有别于书面语的特点。尤其从语用学角度强调了口语的交际行为方式。其后,陈建民先生又提出了"汉语标准化口语"概念,他说,所谓"汉语标准化口语"就是"当代排除俚俗成分的北京话",是"受过中等教育以上操地道北京话的人的日常所说的话"(陈建民《汉语口语》)。参照赵元任、陈建民的定义,应天常教授给汉语口语下了更贴近社会、更宽泛的定义:"汉语口语是指汉民族在日常言语交际中使用的口头语言。"通过以上论述我们可以理解,口语化具有日常性、规范性、贴近性和交际性的特征,这些特征应用在播音语言当中,就是主持语言口语化的具体要求。从中我们不难领会,主持语言口语化并不是流于庸俗化,而是一种结合时代语境的运动发展。主持语言口语化集中体现了消费文化语境下对"美"的再解读。在非中心化、非整体性的审美体系中,美已经泛化,艺术美和生活美逐渐融合。消费文化语境下的今天,主持语言作为一种大众文化现象,尊重的应当是受众的审美需求,关照的则是当代美学的世俗化的艺术属性。然而主持语言口语化绝不等同于主持语言和生活语言已经同构同质,而是说,主持语言适当降调,遵循口语化传播的平等性、交流性、贴近性的特点。与此同时,还要剔除一般口语的冗余信息、拖沓表达和过分的随意性。

主持语言口语化并不排斥语言表达的基本功,对于主持人来讲,无论是口腔状态还是气息运动,抑或是情感表达都应当遵循播音语言创作的一般规律。内部技巧(重音、停连、语气、节奏),外部技巧(内在语、对象感、情景再现)合理运用,无疑对于表情达意有益无害。无论何时,主持语言都带有一定的艺术创作的性质,增强表达的规范性、准确性、适切性、感染力以及美感,是进行有声语言表达训练的内在动因。从1998年初凤凰卫视《凤凰早班车》栏目中鲁豫说新闻开始,"播音本位"被"说新闻"的人际传播魅力所撼动,至此,全国上下说新闻蔚然成风,如《马斌读报》等类型的读报节目风靡开来,发展到今天,中央电视台《朝闻天下》栏目中,主持人文静在"触摸屏"前的亲切讲述,把播音主持语言口语化演绎到了一个崭新的高度,这种不失艺术表现力的口语化播音、主持方式贴切地体现了当代"受众中心论"的大众传播观,实现了精英播报和世俗化侃谈的对接,堪称是有益的尝试。

（二）主持语言时尚化

"时尚"一词是近年来出现率相当频繁的词汇。那么,何为"时尚"呢?所谓时尚,顾名思义,就是一时之尚,可以理解为从人们精神生活的普遍性中剥离出的特殊性。如果说普遍性带来的是生活的宁静和随俗的话,特殊性带来的则是激烈的自我表现中所焕发的动感和张力。从日常生活的角度分析,时尚就是短时间里一些人所崇尚的生活。这种时尚涉及生活的各个方面,如衣着打扮、饮食、行为、居住、甚至情感表达与思考方式。追求时尚是一门"艺术"。模仿、从众只是"初级阶段",而它的至臻境界应该是从一拨一拨的时尚潮流中抽丝剥茧,萃取出它的本质和真义,来丰富自己的审美与品位,来打造专属自己的美丽"模板"。追求时尚不在于被动的追随而在于理智而熟练的驾驭。

一般认为,主持人的语言风格是节目风格、个人风格的统一,两者结合的越完美,所达到的效果就越令受众认可。需要补充的是,每一个时代都拥有着属于自身特点的风格特质,脱离了时代的风格无疑是僵死的,只有与时俱进,使主持人语言同时代发展的脉搏同步跃动,才会创造出常澈常新,令受众喜闻乐见的节目形态。消费文化统摄的时代中,主持语言的口语化特质是毋庸置疑的,即便是口语化传播,也应同时代文化风貌紧密相连。消费社会中,人们的观念发生了转变,更加追逐时尚化。主持语言的时尚化正迎合了消费文化中潮流化、个性化的审美诉求,尽管是短寿的,但这种语言时尚恰恰能带给受众一种愉悦的心情和优雅、纯粹、不凡感受。时尚化的语言赋予播音员、主持人不同的气质和神韵,能体现他们的生活品味,更精致、更能展露个性。

近年来,在主持语言表达中体现出这样一种趋势:那就是从传统的经典播音语言向港台腔、欧美腔转变,不少主持人认为这是一种时尚。尽管一些语言的"洋泾浜"现象被业内专家大加挞伐,但是其存在的合理性也是值得分析的。其实,从自身生活的文化系统外引进时尚的偏好是广泛存在的,正是由于陌生感和新奇感的驱使,"某些社会圈子里外来的时尚显现出巨大的价值,只因为它不是本地产生的。"

主持语言作为一种社会性语言,具有广泛的社会交流性和包容性特点,其发展也受到社会各种因素的制约和影响。随着全球化进程的加剧,来自外来语、港澳台华语、汉语地方方言以及网络语言的影响,使得主持人语汇包罗万象,异彩纷呈。尽管一些不文明、不规范的芜杂现象依旧存在,但是其合理性依旧得到公认。随着时间的洗礼,那些不合时宜的成分将慢慢淡去,保留的将是更多的合理化成分。如中央电视台主持人李咏在主持春节联欢晚会的时候,尽管语言内容是通常理解为适于朗诵式的,但他用口语化的方式进行表达,同时又体现出自己个性化的语言风格,语态语势中总是融入一些国际化的气息,这种独特的表达样态在不少年轻人眼中,是一种时尚化的魅力。而在广大观众看来,这脱离了传统报幕员式的晚会语体,彰显了人际传播风格化的表现力,同时,又流露出不凡的流行元素,让观众耳目为之一新。又如在2008年抗震救灾晚会中,湖南电视台主持人何炅出色的语言表达完全异于中央电视台的朗诵风格,他同样选择的是口语化的对众讲话状态,用自己独特的感受为观众介绍抗震救灾中的一个个感人瞬间。在观众看来,何炅本人就是观众当中的一员,他有着自己独特的视角和理解方式,他带给观众的是平民化、人情味十足的动情述说,也正因为他本人语言内容和形式一如既往的港台化和时尚化,追随他的年轻观众更乐于接受他传递的信息,从而达到了与众不同的传播效果。这种主持人语言表达一反传统的宣教式口吻,剔除了所谓"高屋建瓴"的评论,用平常人、平常心体验生活,以一种时尚化的语言风格引领受众的关注视野。因此,不能说时尚化就是戏谑的,就是哗众取宠的,就单单是短寿的,主持人时尚化的语言风格正体现了他们的气质和品味,这种独特的审美理解不仅具有更广泛的感染力,而且具有一定程度的审美示范作用。

时尚化和个性化总是如影随形,"时尚总是被特定人群中的某一部分人运用,他们中的大多数总是在接受它的路上。一旦一种时尚被广泛的接受,我们就不再把它叫做时尚了。"作为个性化的时尚总是和普遍性相抵触的,一旦个性化发展为普遍追求,那么它的毁灭之日也就不再遥远了。譬如"说新闻",并不是每一种新闻节目都适用于说的口吻,"说新闻"的发迹并不意味着播报方式的毁灭,相对于传统的播报方式,"说新闻"无疑是一种时尚化追求。然而一旦"说新闻"成为广播电视的主流,那么其时尚化魅力也就不复存在了,也必将有一种新的形式将其覆盖。

　　总而言之,时尚的魅力在于其前卫性和刺激性,时尚的推广和时尚的灭亡是不可调和的矛盾。播音主持语言,无论如何追求个性、彰显时尚化魅力,都不可避免的受到时间和空间的洗礼,认清时尚的短寿性和追寻新时尚是主持人语言努力前行的方向之一。

　　(三)配音语言多元化

　　广义上的配音是指将未经现场录音所拍摄的画面在银幕上放映,配录人物语言、解说、音响效果和音乐,使之成为声画并茂的艺术作品,这一过程统称配音。这里所讲的配音专指在电视节目中为画面配录解说词,且不包括影视作品中人物语言配音。对于配音语言的艺术创作属性已经得到了公认,无论是广告配音还是电视节目中为电视片配音都是播音主持语言的涵盖范畴。在中国观众心目中最经典的电视配音可以追溯到20世纪八九十年代。罗京、邢质斌的《新闻联播》、虹云和陈铎合作创作的《话说长江》,乃至赵忠祥解说的《动物世界》,直到今天,这些声音仍然回荡在不少人的记忆当中,堪称时代的经典。然而伴随着时代的迁移,配音语言也越来越多元化。造成这种“众声喧嚣”的主要原因一方面是由于电视节目的工业化生产,使得分工细化,一些具有独特音质和有声语言表现力的播音员专门从事配音工作;另一方面,消费文化语境下,受众的需求呈多元化发展格局,人们的审美悄然发生着变化。现代性文化强调生存美学和消费品普遍的泛美论,这是对于传统现代社会精英美学的一种背离。一来,消费文化语境下美的概念泛化,并不是少数精英人士才是美的拥有者,所以某种意义上,美的实用性更强,任何商品都被贴上了美的标签;二来,一些先锋派艺术实验在文化领域展开,目的是超越现代艺术的美学风格,智力反叛和先锋实验把现代主义推向高峰。实验性和先锋性成为重点,通俗文化大行其道,精英文化已经被庸俗的文化快餐所取代。基于此,生活化、先锋性、流行性共同构筑了配音语言多元化生长的土壤。

　　近年来,电视已经成为了人们日常生活的一部分,电视媒介以其声画并茂的表现形式超越了以往任何一种传播媒介的力量。也正伴随着电视的深入人心,各大电视节目中的配音语言也逐渐纳入到我们研究视野当中。九十年代焦点访谈节目中第一次引入记者配音的形式。记者配音取代播音员配音在当时引起了不小的争议。有学者说,这是一种自然主义的倾向,是电视审美滑坡的表现。也有学者赞同记者配音,认为这是一种纪实化的美学风格,是一种有声语言本体的回归。笔者认为,作为一档新闻专题节目,引入记者配音确有其一定的合理性。记者口吻的配音模式正是电视节目纪实化的一种审美取向,给人以真实感和现场感。《焦点访谈》栏目本身就以深度挖掘新闻现象的本质为己任,强调的是本质的还原。记者配音虽然缺失了播音员配音的规范美,但正恰恰给人以原生态的心理感受,与新闻事件同步。这种做法可以说是创作者独特的纪实化审美理念的体现。然而这并不意味着任何节目都能够生搬硬套,例如时下地方电视台不少消息类新闻节目也采用记者配音的方式,就没有任何道理可言了。配音语言的多元化倾向还体现在纪录片的配音创作中,例如李易解说的《再说长江》,较之20年前虹云、陈铎合作的《话说长江》更贴合当代受众的接受心理。如果说当年《话说长江》的解说符合20世纪80年代改革开放初期如火如荼的社会思潮,更彰显了配音创作者云卷云舒、波澜壮阔的主体意识的话,那么,《再说长江》中李易的配音则显得虚怀若谷,内敛而深沉,具有生活气息的同时,展现了舒展、恢弘的气势。有人这样评价李易的解说,"雄浑:大用外腓,真体内充。返虚入浑,积健为雄。具备万物,横绝太空。荒荒油云,寥寥长风。超以象外,得其环中。持之匪强,来之无穷。"除此之外,广告配音的先锋化特征也正是多元化的一种表现形式。由于广告本身具有推销性、催化性和赋活性等不同层次的特点,在配音创作中也有着不同的处理方式。但总体而言,广告配音具有"形象生动、感染力强"的声音指向。目前,观众喜闻乐见的广告配音都不是单一的,或深沉隽永或活泼灵动,有的甚至是卡通化的表现形式。不难发现,广告配音的丰富色彩一方面是由内容本身决定的,而另一方面也与消费文化的审美习惯相契合。

二、消费文化语境下主持语言的传播策略

(一)文化策略

1.内省——对于文化的理解和尊重

关于文化的定义,众说纷纭,莫衷一是。笔者比较认同的定义为"文化是人类社会在适应社会和改造社会的过程中不断积累的一切文明成果的总和"。每个民族都有自己的文化传承,有些是我们能够意识到的,有些却是作为"群体无意识"埋藏在各个民族内心深处的,亦如弗洛伊德所称的潜意识,尽管制约着我们的思考和行为,但却不易被自己觉察。主持人是大众文

化的领航者,他们的言行中反映出的应该是符合本民族心理的,进步的文化理念。千百年来,中华民族受到儒学文化的熏陶、浸染。不自觉地已经把"和"为美的价值观融入骨髓当中。那种"仁爱""中庸"的理念根深蒂固,已经成为了国人内心世界当中挥之不去的"群体无意识"。著名主持人赵忠祥曾经意味深长地说,"没有对中华民族优秀文化怀有如痴如醉那样一种抑制不住的爱,就当不好中国的节目主持人"。

主持人是用语言传递文化的使者,在他们的言语交际中无时无刻不流淌着他们对于文化独特的理解,进而影响着受众。而主持人对于文化内涵理解和把握的精准程度直接决定了他们的表达。尽管在消费文化主导的时代里,人们崇尚国际化的多元,但民族文化本身作为国家独立发展的根系是不能割断的,对民族文化身份的认同与对外来文化的尊重共同铸就了全球视野中的播音主持传播形象。

2.外化——文化内涵和品位的释放

无论主持人对于文化的理解达到了怎样的深度和广度,最终都要"形之于声,及于受众"。这个过程对受众来讲才是最重要的。因为从语言学的角度讲,"意义"是由受者决定的,言语交际的最终归宿是受者的解读。因此,主持语言要将所承载的文化理念巧妙结合在表达当中,"润物细无声"地传递给受众,最终寻求受众的理解和认同。

主持人语言传播的文化涵养并不体现在表达的装腔作势,卖弄学问,满口之乎者也,而是在语言传播中体现出应有的人文关怀。从受众的接受心理分析,他们一方面希望所听到的声音是平民化的、友善的、含蓄的,另一方面又期盼听到智者的声音,期盼传播者传递的内容和形式都是高屋建瓴、个性化的。这样就给主持人的语言提出了更高的要求。从文化接受的角度讲,主持语言传播不应该是高高在上,充满说教口吻的,因为这是对受众人格的极大不尊重,另一方面,也不应当俯就受众,显得阿谀奉承、卑躬屈膝,应当以一种朋友的态度娓娓道来,这也是儒家文化理念的潜在释放。如中央电视台主持人张悦在主持《注意交通安全》特别节目时,做了这样一段即兴评述:"我们有些人,脑子里总是存在侥幸心理,可是不发生事故则罢了,一发生就是人命关天的大事。我奉劝大家自觉遵守交通规则,从我做起,从现在做起。"这段评述平易近人,没有宣教的架子,反而朴实中肯,蕴含着浓重的亲情气息。又如中央电视台另一位老年节目主持人陈志峰,在他的主持语言中时时刻刻体现出对老年人的爱戴和尊重,这也是他广受欢迎的原因之一。

总而言之,主持语言的文化策略是能动的,是基于主持人在长期文化学习、积累所形成的语言气质。信息社会里,尽管电视传媒带有工具色彩,但只有真正做到以人为本,以服务大众为己任,传承和发扬优秀的文化精神,才能够达到良好的传播效果。

(二)情感表达策略

1. 真诚的情感表达

关于主持人的艺术创作属性在《中国播音学》中早有论述。举凡艺术,都是反映情感的,古人说,"诗缘情而靡"。在主持人的用声训练中,也常讲"气者声之源,气动则声发,情者,气之根",这些说的都是以情带声,以声传情的道理。情感和语言是不离不弃的,语言是情感的载体,情感是语言的实现目标之一,主持人通过自己的语言外化为思想感情,或口语表达,或文字语言的音声化,最终总要表现为具有一定气质倾向的声音形象。声音形象也包括内容和形式两个方面,后者指的是嗓音音色、吐字质量、用气发声的能力、创作表达的功力和技巧。无论内容还是形式,都是为情感表达服务的。在诸多的情感表达中,真诚是最为关键的。罗曼·罗兰说过,"真诚,只有大的真诚才能把人引向崇高"。真诚是一把刀子,它无坚不摧,又是一团篝火,能融化所有的冰霜。不能不说真诚是播音主持语言重要的传播策略。本质上讲,真诚不是某种语气和表情,更不是一味的煽情或是生硬的说教,真诚体现在主持人语言的人格化魅力中,体现在内心世界和语言表达的和谐统一。总之,真诚也要以人为本,想受众之所想,急受众之所急,由己达人,尊重群众的所思所感。

真诚的情感表达体现在内心世界的跃动,而不是语言上的矫揉造作和装腔作势。真正优秀的主持语言是绝不会以所谓的"文艺腔"打动受众的。著名作家阿城这样评价崔永元,"相较于其他主持人,小崔很少使用形容词语,很少文艺腔,这是个异数,因为现在的主持人都太像催眠师,从语言到服饰都像。"实话实说不容易,跳脱文艺腔很不容易。"其实,这句话的意思就是说崔永元的语言平易、随和,更容易拉近主持人和受众的距离。这和鲁迅先生对于艺术的评判不谋而合,鲁迅先生说,"真正的艺术作品是有真意,去粉饰,少做作,勿卖弄而已。"相形之下,一些主持人在节目中故作姿态、忸怩造作、怪腔怪调,其结果必定是遭来观众的反感。主持人的语言中,生活的质朴、亲和所表现出来的真诚态度,是拉近传受双方距离的重要手段。正如庄子所说,"强怒者虽严不威,强哭者虽悲不哀。"只有全情投入,由感而发,真情实感才能彰显强烈的人性关怀,也才能在主持人和观众间建立"共通的意义空间",这样的传播才是高效的,也才能克服主持人语言的模式化、固定化、职业化的所谓"主持腔",真正做到"以情带声,以声传情、声情并茂"。

2.恰切的情感分寸

恰切的情感分寸是播音主持语言区别于戏剧艺术语言表现手法的重要特质,同时,"分寸感"也是播音主持语言特征的重要内容之一。分寸感是指语言表达者对情感、政策尺度的准确把握的感知。分寸感是衡量语言表达者政治素养、思想水平的重要方面。分寸感要求语言表达者的态度、感情必须恰到好处,既不能不够,也不能过火。在这里所谈到的情感分寸集中体现在主持语言情感的浓淡、态度的差异上。情感有"浓墨重彩",也有"轻描淡写",态度有肯定和否定。就主持语言来讲,大体的方向是易于把握的,关键在于如何恰到好处地体现出情感的尺度。既要做到"淡妆浓抹总相宜",也要把握态度的轻重缓急。成功的有声语言创作很在意情感、分寸感的把握,这就需要主持人在日常生活中加强语言素质训练、文化修养的提升,否则就会"心有余而力不足"。

(三)言语交际策略

于根元教授曾这样阐述语言的本质属性:"交际之外无语言。交际是语言的本质。"在主持人平等交往与相关问题的讨论中,首先就是主持人角色和观念的转变。在这一问题得到认同后,我们有必要关注的是主持人在言语交际中应当如何发挥主导性作用,做好节目的引导者和组织者。多年来,我国"重文轻语"的现象普遍存在,语言能力和语言交往严重失衡。从语言研究的角度讲,这是语言知识和语言能力两者的严重失衡。就这一方面研究影响最为深远的是语言学家乔姆斯基。在《句法结构》一书中,乔姆斯基对由语法生成的句子(语言结构)与操本族语言的人在通常情况下说出的话语进行了区别。在他后期的著作中,又用"语言能力"和"语言运用"一对概念来描述这一现象。从句子和话语到语言能力和语言运用,概念的变化不仅仅反映了乔姆斯基从经验主义向理性主义靠拢,也使得他的理论界说和索绪尔"语言""言语"的界定有所区别。另外,他对语言知识和语言能力的区分,也使得人们对于言语交往重要性的认识得到进一步确认。基于此,主持人有必要树立健康的言语传播观,不仅重视语言相关知识的学习,更重视言语交际的特殊意义。认识到语言的本质在于交往,也许说出的仅仅就是一句导语,就意味着实施了一种行为,这种行为很可能给观众造成心理上的影响,进而转化为行动。所以务必要做到三思而后行。美国语言学家格莱斯 1967 年在哈佛大学的三次演讲中提到"合作原则",包括质的准则、量的准则、关系准则和方式准则。然而在各种准则中礼貌原则占首要地位。它包括得体原则、慷慨原则、赞誉原则、谦逊原则、一致原则、同情原则六个方面。中国历来崇尚"和为贵"的伦理观念。与人为善、虚怀若谷也是国人的群体无意识。这就为节目主持人的话语提出了适切性和得体性的要求。得体的语言表达方式不仅让观众在心理上易于接受,也符合中国传统的民俗学、社会学理念。

1. 播音主持语言的规范性原则

今天的主持语言已经与过去有了很大的不同,嗓音使用上不再要求众人一声。对于声音的要求非常苛刻,要求声音"圆润集中、朴实明朗"。凡不符合这些条件的声音都很难纳入到播音创作的范畴。然而随着时代观念的演进,人们对于主持语言的规范性有了新的要求,即便以往被认为是沙哑、干瘪的不良音色,在特定的播出环境下也被认为是合适的。人们对于嗓音的评价标准已经降低,更脱离了纯音色的价值评判标准。观众认同的是音色与节目内容、表达效果相一致。但凡是符合主持人形象特质的声音,都是美的。

然而主持人语言的规范性并没有因为对嗓音音色的降低而大打折扣,而是保持着应有的规范性。基于此,主持人的语言都要遵循汉语普通话对于语音、语汇、语法、语义的要求。有人把规范性和"不自然""不生活"画上了等号,那是有失公允的。目前,推广普通话仍旧是广播电视的一项重要职责。"普通话水平测试"更是一项具有国家意识、战略性意义的政府行为,播音员主持人作为普通话的形象代言人更是须臾不得懈怠。讲好普通话还不是主持语言规范性的全部内容,它更包括思维的清晰、语感的顺畅和艺术的表现力。

2. 语用观念与时代语境共变

语用学是研究语言符号和使用者关系的学科,"语境"问题也是语用学研究的重点。语境,顾名思义就是语言的使用环境。英国语言学家杰弗里·利奇认为,语境是"假定被发话人和受话人所共享的背景知识"。语境可分为情境语境和文化语境两类。前者是语言性语境,后者属于非语言性语境。张颂教授认为,主持人传播语境必须"强调语境的规定性、具象性、可感性。语境是指有声语言进行时和进行中,环境、氛围、蕴涵、心情……一定要同节目内容形式等相吻合,相切合"。时代在日新月异,文化也在与时俱进,文化语境的今非昔比造成了语用观念的革新,我国主持的语用观念伴随着时代文化语境发生着"共变现象"。如今,在工业化浪潮的席卷下,消费文化已经深刻影响到社会的每一个角落,于是,主持语用观念的变革也势不可挡。在我国,电视媒介正在从宣传工具向新闻信息传播工具转型,这是历史的进步,然而这也为播音主持语言提出了更多的课题。当代主持言语实践强化了其有声语言表达从内容到形式的实用性转型。胡智锋教授在一次学术研讨会上说到近十年的中国电视有"五个新观念的演变",即电视纪实、电视栏目化、电视直播、电视谈话、电视游戏娱乐。以上五种观念的变化和语用方式紧密联系在一起,语用观念的变化也是观念变化的显著标识。

主持语言传播在激烈的市场格局中突破了传统理论的羁绊,朝着更加多姿多彩的方向前行。这其中主要体现在语言表述方式的多元化,专栏主持人语言的个性化、谈话节目主持语言的人际化、综艺节目主持语言的娱乐化乃至新闻专题节目主持语言的纪实化都是必要的语态革新。可以想见,未来的主持语言一定是异彩纷呈的,沿着时代发展的脉络朝多元化方向探索、追寻。

不同的交际目的对礼貌有着不同程度的要求,有的交际功能对礼貌要求高些,有的则可能低些。根据语言的言外功能和在言语中保持良好的人际关系的准则来选择礼貌的尺度是比较客观的一种分析方法。如电视晚会主持人,他们驾驭的一般是比较宏大的场面,是一对多的交流方式,交流对象是一个复合群体,既有现场的观众,又有电视机前的观众,况且观众的年龄层次和职业特征等等状况纷繁复杂,确定一种怎样的礼貌标准来进行言语传播是比较困难的问题。

一般来讲,主持人在晚会现场应当作到的是以不变应万变,在谦虚谨慎的礼貌内核基础上选择语言内容是唯一的途径和方法。落落大方、和蔼可亲在任何人群中都是值得推崇的美德,所以主持人无须阿谀谄媚、俯首迁就,更没有必要趾高气扬、不可一世,只要做到平等的尊重和朋友般的亲切就会赢得各个阶层的欢迎。言语传播的礼貌原则和合作原则并不冲突,本质上是相通的。主持人和观众的言语交际作为一种合作关系,寻求的是信息的共享。建立在礼貌基础上的和谐的言外行为使听话的一方成为受益者。只有观众在信息共享中受益,才会在精神上产生满足感,乐于和主持人合作,进而接受和喜爱主持人所传播的内容。从这个意义上来讲,主持人的礼貌是交际成功的助推器。

第四节　主持艺术的展望

主持艺术随时代的发展而发展。其发展,一方面是外部条件的不断改变,一方面是其自身矛盾运动的必然。展望未来,也应从上述两个方面着眼。纵观主持艺术发展的历史,联系其他事物的发展规律,对其未来,可以有这样一个基本估计:变与不变的有机统一。其变中有不变,不变中有变,未来的主持艺术创作活动正是在这变与不变的各要素、系统、运行机制的有机统一中存在着、发展着。具体来讲,就是主持艺术创作的外部条件不断变化,内部要素不断优化,就这一点来讲是"变";尽管外部条件和内部要素都不同程度地发生着变化,但传与受这个事物还存在,这一矛盾运动的基本性质没有改变,从这一点来说是"不变"。这"传与受",不因媒体的更迭而消失,也不因媒体的融合而溶化。它会在更迭的竞争中变得更强,在融合的集成中变得更壮。由此可见,"化为泡沫"的悲观论点,故步自封的停滞心态,都是不可取的。我们未来的工作,就是要主动适应变化的条件,正确地认识和科学地把握矛盾的性质和基本规律,优化各个系统、要素,使"变"与"不变"在新世纪更加有机地统一。

一、发展创新的必然性

事物由于自身的矛盾运动以及外部条件的作用,总是在不断地发展变化。这是发展和创新的根本动因。艺术创作也是这样。"艺术的生命在于创造。如果在艺术领域中没有创新,没有发展,而是死抱住旧的东西不放,陈陈相因,艺术就失去了存在的价值。""艺术发展中的继承借鉴是十分重要的,但继承和借鉴都是手段而不是目的,其目的是为了艺术的发展。因此,就应该在批判地继承借鉴的基础上不断地革新创造;没有革新创造,就谈不到艺术的发展。""当然,在艺术发展的过程中,批判地继承借鉴和革新创造是密切地联系在一起的,二者缺一不可。继承借鉴是革新创造的基础和前提,而革新和创造,又正是对遗产的最好的继承。"。

主持艺术也是如此。主持艺术创作自身的矛盾运动以及它所处的外部条件的不断发展变化,使其在继承借鉴的基础上不断地发展创新成为必然的规律。一部主持艺术史,虽然还不长,但它已经反映出了其在继承借鉴的基础上不断发展创新的轨迹。继承和借鉴是发展创新的基础,而正是发展创新,才使继承和借鉴变为现实。比如,现在的《焦点访谈》节目的主持正是从中央电视台《热门话题》节目、《观察与思考》节目的主持中发展起来的。而又正是现在《焦点访谈》节目的主持,才使《热门话题》《观察与思考》节目主持当时所具有的敏捷、思辨的特点得以延续,并不断地物化在今天的《焦点访谈》节目中,通过《焦点访谈》节目体现、升华。

二、主持艺术发展创新的含义、方法

主持艺术发展与创新,应该是积极培育、推动播音创作矛盾运动中那些合乎规律、代表未来、符合时代要求、富于生机和活力的因素和方面,并为其提供和选择向前发展的新形式、新角度、新手段、新方法。

主持艺术的发展创新体现在其事业的各个方面,其创作的各个层面。它们既有内容的发展,又有形式的创新;既有理论的发展,又有实践的创新。它可以具体体现在节目的策划、栏目的构思、稿件的准备、内容的感受、情感的调动、声音的运用。语言的表达、副语言的运用;体现在创作方法、创作手段、创作环境、创作主体、创作依据、创作对象等各个层面;体现在队伍建设、体制建制、运行机制、人才培养、专业设置等各个方面。

"要想在艺术上有所革新、有所创造,就需要艺术家有胆有识,既要敢于打破前人的框框,敢于标新立异,同时又要有知识,有眼光,善于把前人积累的知识'拿来',烂熟于心,变成自己的营养。凭空创造,无异于'沙上建塔',根本没有基础,结果只能是一无所获。"这里所说的有胆有识,就是说既要敢于创新,又要善于创新,关键是要掌握发展创新的正确方法。

主持艺术的发展和创新不能从零开始,应该在继承的基础上进行,应该保持自身的性质。比如,电视专题片解说,可以由都是以第三人称解说的情况下,创造出以第一人称身份的解说,这样可以根据内容的需要,挖掘多种语言表达样式。但这种创新变化,仍然应是保持其专题片新闻语言的真实性,不能创作成演员第一人称的配音(除专门为里边的角色人物配音),如果是那样,就改变了专题片的新闻性了。

主持艺术的发展与创新必须具备一定的专业知识储备和扎实的语言基本功。发展和创新应该在一定的基础上进行,自身必须具备一定的条件。一个气息还不通畅、科学的发声方法还没有掌握、普通话语音还不准确的人要想在普通话播音的语言表达样式上创新是难以实现的。

主持艺术的发展与创新应有科学态度,应该遵守其创作规律和创作原则。主持艺术创作有其自身的规定性,语言表达和副语言体现也有自身的规律性。发展和创新并不等于盲目求异,而是寻找把握这些规律的新角度、新手段、新方法,其目的是为了更好地运用这些规律,而不是抛开这些规律。

主持艺术创作规律认识和把握过程,是一个长期艰苦的过程,一个由实践到认识、由认识到实践,多次的反复,才能够相对完成的过程,有时也是一个曲折反复的过程。所以主持艺术的发展与创新也是一个要付出艰辛探索、艰苦劳动、反复实践才能够相对完成的过程。立志发展创新者,必须要有充分的吃苦的思想准备。

主持艺术发展创新,必须不断地寻找播音矛盾运动中富有生命力的要素,不断地为这些要素的生成创造新的天地。这创造有两方面含义,一个是开辟,一个是挖掘。比如,语言的把握,由于现代科技的发展,传播工具的进步,语言与机器的结合更为紧密,应该不断寻求开辟新的表达方式,同时也需要挖掘语言的多种性能,为适合机器识别和传送,挖掘其规范性的要求,使其更为规范;为不可被机器代替的功能的增强,进一步挖掘和培育其传情和审美的功能,使其更为完美。新生要素不断地、无限地增长,决定了播音发展和创新永无止境。发展和创新,还要注意符合我国国情,适应我们民族的审美心理,结合自身的条件。

三、作用于未来主持艺术发展的主要因素

21 世纪,作用于主持艺术发展的主要因素,一个是外部条件的变化,一个是内部要素的优化。时代的发展,科技的进步,信息社会的形成,知识经

济的到来,文化艺术,政治经济,思想观念上的变革,等等,这些一方面形成了促使主持艺术发展变化的外部条件,一方面也为主持艺术创作提供了无限鲜活丰富的内容。外部条件的变化,促进了主持艺术自身条件的变化,内容的更新,促进了主持艺术自身各要素在不断地优化。当然这种优化的实现,最终还要主持艺术创作内部动因起作用。

具体讲,科技进步、经济改革落实在广播电视等媒体的传播上,导致了传统工具的更新,使传播条件改善,传播媒体增多,传播方式变革。呈现出信息传播的全球化,传播技术的数字化,媒体管理的产业化,媒介运作的市场化,传输方式的集团化,传播人员的职业化,受众需求的多元化,沟通方式的交互化,等等。这一切又使得主持艺术的创作条件、创作环境、创作工具、创作手段、创作样式、创作观念、创作依据、创作状态等都在发生着变化。就主持艺术创作的环境、工具看,信号上星入网,单一线性传送变为多媒体传播,模拟技术变为数字技术,录音调音台变为音频工作站,线性编排变为非线性组合,实景录像棚变为模拟(仿真)演播馆,现实场地变为虚拟空间,等等。现代社会发展,使得信息来源丰富,播出数量增大,传播频率加快,直播节目增多,受众更加主动,交流更为便捷,节目相对独立,媒体竞争激烈……这一切随时随地都在影响着未来主持艺术的创作样态,都在作用于主持艺术的发展趋势。

四、播音主持艺术的发展趋向

研究播音主持艺术的发展趋向,既要紧紧抓住其基本矛盾运动规律,和由此产生出的基本特征,又要全方位、多角度来阐明其表现形态。

时代特征与中国特色的统一,即21世纪所呈现出来的信息社会、知识经济、科技发展、全球一体的现代化的时代特征与建设具有中国特色的社会主义现代化和建设具有中国特色的广播电视事业的有机统一。这是主持艺术所应有的总的、大的发展趋势。这就要求我们在研究播音主持艺术发展趋向时,要有清醒、科学地分析,既要展望新的世纪,又要看到初级阶段;既要看到全面的发展和变革,又要看到分步骤、分阶段、分层次、分地区的逐步实施的过程;既要讲究传播规律,又要强调宣传的职能;节目主持人既是传媒人,更是党的宣传员。

"传与受"始终贯穿主持艺术的昨天、今天和明天,贯穿于主持艺术创作的始终。"传与受"是主持艺术创作的基本矛盾。抓住了这一个矛盾运动规律，就抓住了主持艺术生存和发展的规律。"传与受"随着人类的产生而产生，发展而发展。现代社会，它在媒体安家。它用主持艺术创作解释自己，但它不会因为媒体的更迭而消亡，也不会因主持字面名称的变化而消失。今天叫主持人，明天叫传媒人、传达者，这些称谓都无关紧要。无论是广播、窄播，还是交互式传播，传的主动性和地位并没有改变，"传与受"这一矛盾的基本性质没有改变。

越是传播技术的现代化，越是要求规范化；越是管理的产业化，越是要求规范化；越是运作的市场化，也越是要求规范化。规范化，决定了节目主持人的职业化。规范化程度越高，其职业化要求也就越高。只有职业化的高水平，才能在未来的现代化、产业化、市场化中具有适应力、竞争力和生命力。其规范性的要求是多方面的，它包括作为广播电视等媒体的新闻工作者所应具有的基本素质，职业道德、纪律、语言的规范。（按照国家等级标准要求上岗，未来人机对话、人机互动、人机并用，信息化社会，科技含量高的广电等传媒会率先使用，到时，语言不规范难以工作）还包括评估体系标准的规范等等。

节目主持人管理的专业化、制度化程度提高。由于"制播分离"，一些节目主持人脱离媒体，走上社会，由于媒体和社会对节目主持人要求的职业化、专业化程度的提高，由于市场机制需要一个相同的管理标准，给人以平等竞争上岗的机会和权力，要求国家主管部门设立或委托专门委员会进行专业宏观管理，制定相关法规法纪，依法管理。其管理不仅仅是"有了任务、有了工作去做"，还应该包括主动的测试、评估、监控、审核等等。管理部门要制定各个等级的上岗标准，定期组织专业人员考核认定专业资格、水平，颁发相应证书，进行跟踪管理，定期抽查、考评。

中央、省、市电视台等无论大台、小台，无论多媒、单媒，所有媒体的节目主持人站在同一个起跑线上。由于传播信号上星、入网，都是面向全球播放，收看省台播音已不仅仅是某省的观众，信号上星、入网，无论何地，有相应接受器的人都可收到。这就要求各级电视台的主持人都要具有国家意识，都应具备对内对外宣传的素质要求。要求各级电视台的节目主持人都要达到较高水平。节目主持人对媒体的依赖性越来越小，一些人也不能再靠着电视台光环生存了，要凭真本事，要在竞争中站住脚，脱颖而出。

主持人员的素质会更高,适应力会更强,种类会更多,个性会更鲜明。21世纪不光是信息社会,更是美学的世纪,既传播信息,也要出精品。所以,要求主持人要具有较高的知识素养、专业水平和能力,富有较为鲜明的个性特征和人格魅力。

主持艺术创作的观念将更为开放,创作状态更为主动,创作手段更为丰富,语言表达更加多样(读、播、报、讲、谈、说、诵等等),副语言应用范围更广,创作分类的划分更细。

受众在新的时期,素质日益提高,审美能力增强,传播方式的多样性,多媒体、网络等由广播到窄播再到交互式传播方式的形式,使其分类更细,其接收和反馈更为便利,越来越呈现出较强的主动性和选择性。但是受众的接收规律没有变,依然是物理—生理—心理的运动过程。民族审美心理没有变。受者的地位也不因其主动性增强而改变。

五、"电子大家庭"中的主人

"Host"在英文中有双层含义:一是指"主人公";二是指"主持人"。在未来的"电子大家庭"中,广播电视主持人的身份可能就会"合二为一"了。大家知道,"早在电视出现很久以前,媒介就证明它们所具有的创造深入传播对象心目中的人物的特殊的能力"。这是因为新闻媒介的权威性和新闻事件的重要性极大地提高了新闻发布者——节目主持人的社会地位,成为受人瞩目、令人敬佩的媒介人物。如果离开了媒介的影响,节目主持人不可能产生这样的魅力。美国衣阿华州功率最大的电台的一个晚间新闻节目主持人,他有着动人的语调,但并无政治经验,他竞选国会议员,竟一次次地被选上。这就提出了一个问题:媒介究竟是怎样才能建立起媒介人物的威望的?著名传播学家威尔伯·施拉姆一针见血地指出:"似乎是电视的报道重新排列了美国受群众欢迎的英雄的顺序。"这说明节目主持人的社会地位是由媒介所选定的。然而,当交互性网络形成以后,情况就发生了变化。选择什么样的主持人,以什么样的方式来发挥作用,最终将由受众来做出决定。那么,究竟什么样的节目主持人在未来社会中具在存在价值并受到欢迎呢?

(一)众望所归的"意见领袖"

"意见领袖"本来只存在于人际交流的过程中,但是当交互网络形成以后,大众传播与人际传播之间已经没有必然的界限。由于人们的兴趣爱好、价值观念、行为方式各不相同,从而形成了志趣相向的社会群体,这些社会群体主要是通过电子网络来加强联系,也很自然会从这个网络中去寻找自己的"意见领袖",节目主持人当然是最理想的人选。他既能反映群众的意见,又可以满足大家的要求。无论是社会各界还是文化圈层都广泛存在着这些不同群体的"意见领袖"。人们对他们往往是言听计从,把他们的意见看得比任何人的主张都重要。他们之所以能够被公认为"意见领袖",将取决于三方面的条件。首先,他是"价值的化身",也就是说他与这个群体有着共同的价值取向,有着共同的利益关系,并被公认为是该群体最具代表性的人物。其次,"意见领袖"还必须在他或她能居领袖地位的领域内被公认是见多识广或有能力的。那些看来对自己所谈问题一无所知的人,其意见是很难受到注意的。另外,"意见领袖"还必须有一定的社会地位,这个社会地位,一方面是指他的人格、品行、学识、修养等得到人们的敬重和爱戴,能发挥一定的社会影响。另一方面是指他能够与社会保持着多方面的联系,以便获得群体所关心的各种信息。

在未来传播媒介中的节目主持人已不再是面向大众的传播者,他们将分属于不同的社会群体,并成为这个群体中的"意见领袖"。在这个交互式的网络中,他与受众之间确确实实是"一对一、面对面"的人际交流关系,并随时接受对方的咨询,提供个别的服务。节目主持人在与受众交往的过程中,只有当他被这个群体公认为"意见领袖"时,才真正获得了存在的价值。

(二)释疑解惑的良师益友

未来的信息社会又是一个令人十分困惑的社会,多媒体带给人们过量的信息,人们淹没在信息的海洋里茫然不知所措,整个信息社会的重点,从供给转为选择。多媒体给人们开辟的多种信息渠道,也提供了更多的选择机会。由于知识的高度分化,"隔行如隔山"。要做出正确的选择,人们不但需要熟练地掌握信息加工技术,条分缕析,把握真谛,更需要专业权威人士的帮助。人们整天与媒介网络打交道,最方便不过的,就是向网络中的各种媒介人物,尤其是节目主持人去请教。而这时的节目主持人已不再是"串场人物",他们也已经高度专业化,并享有崇高的威望。这些节目主持人不仅学有所长,而且善解人意。他们可以随时为你提供咨询服务,热心为你指点迷津,并成为你工作、学习、生活中的良师益友。

在全球化的传播格局中,主持人除了发表具有思想内涵的话语以外,还应该在多元文化的交融中显示自己的民族特色。联合国科教文组织在1998年11月4日发表的《世界文化报告1998》中的主调，就是坚持文化的多元化。它从七个方面阐述了文化多元化的重要性：第一，文化多元性作为人类精神创造性的一种表达，它本身就具有价值。第二，它为平等、人权和自决权原则所要求。第三，类似于生物的多样性，文化的多元性刻意帮助人类适应世界有限的环境资源。在这一背景下多元性与可持续性相连。第四，文化多元性是反对政治和经济的依赖与压迫的需要。第五，从美学上讲，文化多元性呈现一种不同文化的系列，令人愉悦。第六，文化多元性启迪人们的思想。第七，文化多元性刻意储存好的和有用的做事方法，储存这方面的知识和经验。这就是说面向全球的传播提示我们，主持人未来的努力方向应该是坚持民族化、地域化，只有这样才有希望成为世界多元文化中的"一元"。

(三)"电子大家庭"的主人公

在英语中节目主持人被称为"主人"(host)。人们曾对它有着多种解释。但是当你坐在电视机前、收音机旁与节目主持人倾心交谈时，确确实实地感觉到了"主人"的存在。因为此刻节目主持人又重新为你创造了一种"家庭氛围"，电视机、收音机前的观(听)众都成了这个"家庭"中的成员。这种情况还会发展下去，以至于形成了被美国未来学家阿尔温·托夫勒称之为"电子大家庭"的概念。他在预测这个发展趋势时说：明天的电子共同体可能成为很有工作效率的稳定的家庭模式。进而言之，这种电子大家庭并不是妨碍个人的生活方式，也不是以炫耀为目的，而是经济体制中的不可分割的重要组成部分，因此，它存在的可能性就大大提高了。我们确实可能看到这样的大家庭互相组织起来成为一个工作网。这种工作网可以提供某些必要的商业和社会服务，共同合作进行商业活动，成立自己的贸易协会。这种新的大家庭模式，并不是必不可少的典型，也不与其他家庭模式比高低，它不过是许多新的家庭模式中的一例。在明天复杂的社会生态中，这些家庭模式可能找到适合它的存在之处。当这样的"电子大家庭"出现以后，最有可能成为"家长"的就是节目主持人。因为他享有最丰富的信息资源，他有最广泛的联系网络，同时他还具有最高尚的人格魅力和最有效的社会活动能力。人们需要有这样的一个人物来组织"电子大家庭"，并以此来适应现代信息社会的需要，这个"电子大家庭"实际上就是一个利益共同体。

信息资源是这个家庭的共同财产,也是他们的利益所在。为了共同的工作目标和生活目标,他们互通有无,共享信息。"主人公"既有义务保护这个家庭的利益,也有权利代表这个家庭的利益。"主人"与家庭成员的关系是一种民主的、平等的关系,但同时又具备一定的权威性。人类依赖信息而生存的共同利益,把这个家庭紧紧地维系在一起。

密茨凯维支大概不会想到,人们就是这样把地球"推上新的路程"的。新世纪展示了光辉灿烂的前景,人类社会也将面临着深刻的变革。所有这些变化都是人们所始料不及的。直到今天我们还不可能十分准确地描绘未来社会生活的种种变化。但是有一点是可以肯定的,那就是节目主持人不会消亡,他在未来信息社会中的作用仍然是举足轻重的。只是他的存在方式变了,已经不再是传统意义上的媒介人物了。

参 考 文 献

[1] 李亚铭. 口语传播视阈下的播音主持专业教育模式改革[A]. 全球修辞学会(The Global Rhetoric Society)、国际语言传播学会(International Language Communication Society). 第二届国际语言传播学前沿论坛论文集[C]. 全球修辞学会(The Global Rhetoric Society)、国际语言传播学会(International Language Communication Society):2013:9.

[2] 郑艺. 口语传播视野下播音主持教学方法创新[J]. 新闻传播, 2014,10:99.

[3] 吴春晓. 传媒视野下播音主持艺术的要素[J]. 人才资源开发, 2015,06:1.

[4] 付海恋. 传媒视野下播音主持的特点与技巧分析[J]. 西部广播电视,2016,13:159-160.

[5] 张守信,张雨晨. 媒介融合语境下媒体信息传播观念与路径的转变[J]. 南方电视学刊,2011,6.

[6] 王琳珂. 口语传播的价值与播音主持的转型——评郑艺《播音与主持艺术教程》[J]. 西部广播电视,2015,24:20.

[7] 刘想如. 新媒体语境下播音主持专业的应对思考[J]. 电影评介, 2010,12.

[8] 刘德群. 解析新媒体语境下电视节目的发展[J]. 青年文学家, 2012,6.

[9] 言靖. 论媒介融合时代全媒体新闻人才的培养[J]. 新闻界, 2011,5.

[10] 郭庆光. 传播学教程[M]. 北京:中国人民大学出版社,2011.

[11] 乔云霞. 中国广播电视史[M]. 北京:中国广播电视出版社,2007.

［12］罗钢,王玉欣.消费文化读本.［M］.北京:中国社会科学出版社, 2003.

［13］张颂主编.中国播音学［M］.北京:北京广播学院出版社,2003.

［14］石义彬.单向度超真实内爆:批判视野中的当代西方传播思想研究［M］.武汉:武汉大学出版社,2003.

［15］徐恒.播音发声学.［M］.北京:北京广播学院出版社,2000.

［16］吴洪林.主持艺术.［M］.上海:上海三联书店出版社,2007.

［17］邱一江.融媒时代的播音主持艺术研究:记者型主持人［M］.广州;暨南大学出版社,2014.

［18］林刚.新媒体概论［的.北京;中国传媒大学出版社,2014.

［19］李穗岑,等.传播网络下的电视新媒体受众研究［M］.上海:上海交通大学出版社,2013.

［20］赵子忠.中国广电新媒体的 10 年［M］.北京:中国传媒大学出版社,2015.

［21］应天常.节目主持语用学.［M］.北京:中国传媒大学出版社,2008.

［22］陈虹.节目主持人概论［M］.北京:高等教育出版社,2013.

［23］李良荣.网络与新媒体概论［M］.北京:高等教育出版社,2014.

［24］毕一鸣.播音与主持艺术论纲［M］.北京:中国广播电视出版社,2011.

［25］马欣.播音主持艺术语音及发声［M］.重庆:重庆大学出版社,2010.

［26］赵俐.播音主持语言表达的个性化思考［M］.北京:中国广播影视出版社,2014.

［27］许墙,周嘉丽.电视节目主持人风格与节目主持艺术［M］.成都:西南交通大学出版社,2014.

［28］薛飞.中国播音主持艺术［M］.北京:测绘出版社,2013.

［29］肖建华.主持人审美修养［M］.武汉:华中科技大学出版社,2015.

［30］赵巧,等.播音主持语言表达的个性化思考［M］.北京:中国广播电视出版社,2014.